處理關係 × 面對挑戰 × 激發潛力，一本書讀懂多領域心理學，掌握全方位心理智慧

心靈透視圖

應用心理學角度下的人生修練

◎在每個年齡中，都能活出最好的自己！
◎中醫心法結合現代心理學，從內到外提升健康！
◎幸福不是結果，而是我們選擇如何看待生活的過程！

王極盛 著

深入了解東西方智慧，找到自我療癒之道
揭開幸福心理學的秘密，讓每一天都閃耀光彩

目 錄

Part1　幸福心理學

1　幸福心理學的理念 …………………………………………… 006
2　戀愛幸福 ……………………………………………………… 011
3　婚姻家庭幸福 ………………………………………………… 018
4　人際關係幸福 ………………………………………………… 021
5　美感幸福 ……………………………………………………… 025
6　心態決定幸福 ………………………………………………… 027

Part2　健康心理學

7　心理健康 ……………………………………………………… 034
8　人生能有幾多愁 —— 改變人生憂愁煩惱的心理模式 …… 050
9　中醫對醫學心理學的貢獻 …………………………………… 056
10　增強心理健康 ………………………………………………… 066
11　心理衛生 ……………………………………………………… 077
12　心理測驗 ——
　　高中生心理健康測評與成人心理健康測評 ……………… 085

目錄

Part3　創造心理學・人才學

　　13　創造心理學・人才學⋯⋯⋯⋯⋯⋯⋯⋯⋯⋯⋯⋯⋯⋯⋯　104
　　14　靈感⋯⋯⋯⋯⋯⋯⋯⋯⋯⋯⋯⋯⋯⋯⋯⋯⋯⋯⋯⋯⋯⋯　128
　　15　心商理論⋯⋯⋯⋯⋯⋯⋯⋯⋯⋯⋯⋯⋯⋯⋯⋯⋯⋯⋯⋯　132

Part4　教育心理學

　　16　早期智力教育⋯⋯⋯⋯⋯⋯⋯⋯⋯⋯⋯⋯⋯⋯⋯⋯⋯⋯　140
　　17　家庭教育⋯⋯⋯⋯⋯⋯⋯⋯⋯⋯⋯⋯⋯⋯⋯⋯⋯⋯⋯⋯　147
　　18　考試心理⋯⋯⋯⋯⋯⋯⋯⋯⋯⋯⋯⋯⋯⋯⋯⋯⋯⋯⋯⋯　164
　　19　資優教育⋯⋯⋯⋯⋯⋯⋯⋯⋯⋯⋯⋯⋯⋯⋯⋯⋯⋯⋯⋯　182
　　20　超能力 —— 超常認知和超常行為⋯⋯⋯⋯⋯⋯⋯⋯⋯⋯　191

Part5　青年心理學・老年心理學

　　21　青年心理學⋯⋯⋯⋯⋯⋯⋯⋯⋯⋯⋯⋯⋯⋯⋯⋯⋯⋯⋯　196
　　22　老年心理學⋯⋯⋯⋯⋯⋯⋯⋯⋯⋯⋯⋯⋯⋯⋯⋯⋯⋯⋯　230

Part6　管理心理學・人事心理學

　　23　管理心理學⋯⋯⋯⋯⋯⋯⋯⋯⋯⋯⋯⋯⋯⋯⋯⋯⋯⋯⋯　250
　　24　人事心理學⋯⋯⋯⋯⋯⋯⋯⋯⋯⋯⋯⋯⋯⋯⋯⋯⋯⋯⋯　255

Part1　幸福心理學

1　幸福心理學的理念

什麼是幸福？千百年來，答案各異。即使一百年後，對於什麼是幸福也不會有一個統一的答案。但是根據現代正向心理學，特別是幸福心理學的研究顯示，雖然人們對幸福的理解不盡相同，但幸福是一種心理感受、心理評價、心理體驗與心理狀態，這是肯定的；幸福是人腦對自然、社會和自身的肯定的、滿意的、喜悅的、甜蜜的，甚至是欣喜若狂的心理反應；幸福的情緒感受狀態可以是正向情緒，也可以是心態，也可以是二者兼俱。

筆者將幸福概括為 4 句話：「你感覺到幸福你就幸福」、「你體驗到幸福你就幸福」、「你認為幸福你就幸福」、「你想幸福你就幸福」。這也許是千年以來爭論不休的幸福問題的一個通俗易懂、揭露幸福實質的、民眾自己的答案。

對一般個體來說，幸福是自己和自己比較出來的。例如，10 年前的幸福程度和 10 年後的幸福程度，兩個不同個體之間的幸福比較是有難度的，因為幸福是一個主觀的概念，它的影響因素錯綜複雜。一般來說，凡是對生活滿意、情緒處在正向的、樂觀的、安心的、舒心的狀態就是幸福的，即具有主觀幸福感。

1.1　幸福心理學的三條黃金法則

(1)幸福是精神領域的概念。儘管人們對幸福的理解不盡相同，但幸福是一種心理感受、心理評估、心理體驗與心理狀態，這是肯定無疑問的。幸福雖受物質生活、地位等因素影響，但決定幸福的核心因素是

心理。人的認知、評估、感情、個性、動機、需求、價值觀、理想、信念……等，決定人的幸福及其程度，即心態決定人的幸福。

(2)有什麼良好的心態，就會有什麼樣的幸福；有什麼不良的心態，就會有什麼樣的痛苦。腰纏萬貫未必幸福，粗茶淡飯未必不幸福。

(3)我們無法改變現實，但可以改變心態。當感到不幸福時，不要怨天尤人，要反省自己，改變自己的心態。換一種正向的態度，換一個正向的思路，換一個正向的情緒就會換來幸福。

幸福的心理成分包括兩個方面，即「認知」和「情緒」。認知指的是生活滿意度，意即人把生活看成一個整體，對其生活品質作出的評價。情緒是指情緒的感受，一般指的是正面情緒與負面情緒之差，如果正面情緒占主導就會幸福，如果負面情緒占主導就不會幸福。幸福的正面情緒感受主要指的是安心、舒適、愉快和欣喜等。

1.2 獲得幸福的方法

至今，也沒有一個普遍認同的幸福標準和獲得幸福的方法。依筆者看，一百年後，也還是會有爭論，這是必然的。這是由幸福這個特殊的問題本質的複雜性和獲得途徑多樣性所決定的。我們沒有必要深究幸福的概念、幸福的實質，或者幸福的途徑。我們只求今天幸福、明天幸福、後天幸福，也就心滿意足了，也是個幸福的人了。

現代心理學提出正向心理學時間不長，但是從事正向心理學的研究，幾十年前已經開始進行。這種正向心理學的內涵比較狹隘，主要指健康心理學和幸福心理學。筆者認為，幸福心理學的研究不是獨立的，它和健康心理學、創造心理學、氣功心理學是密切相關的。

Part1　幸福心理學

1.2.1　幸福在心上

我們常說的幸福與幸福心理學的學者所說的幸福感、生活滿意度，本質是一樣的，都是指人們是否感受到幸福？體驗到幸福？

其實，人們表達幸福感的詞彙有很多，例如快樂、開心、喜悅、高興、歡樂、滿足、滿意、愜意。而成語就更多了，例如心滿意足、心花怒放、樂不可支、樂不思蜀、樂此不疲、樂而忘返、樂以忘憂、興高采烈、歡天喜地、興致勃勃、歡欣鼓舞、欣喜若狂、其樂融融、自得其樂……等。這些都是常用的，感受到幸福和幸福後情緒滿足的表現。

人們常常用不同的語言來描述自己內心的情感感受，尤其是對於自己內心幸福情感感受的描述，可見，一般民眾關於幸福的理解和學者們研究的定義是一致的，意即幸福是主觀的感受，是一種正向情緒的感受，因此，幸福心理學常常用「主觀幸福感」這個概念來解釋。

幸福感是心理的、主觀的概念，是人對客觀現實，對自己各方面生活的一種感受、一種體驗和一種評價。幸福感既離不開客觀存在的東西，更離不開自己的主觀感受。

幸福雖然離不開客觀現實、事物本身，但是否感受到、體驗到、評價到幸福，還是取決於人的自身。因此，幸福是主觀的，有的學者把它稱為「主觀幸福感」。

在這個意義上可以說，人人都可以幸福。只要你對你生活的各個方面的客觀事物有正向的感受、正向的體驗、正向的評價，你就獲得幸福了。

基於這個意義，幸福不是由權力、地位、貧富、性別、年齡、種族本身決定的，而是由人的價值觀、理想、信念、智力、興趣、愛好、需求、動機、情感、個性心理特徵等主觀因素決定的。

1.2.2 改變心態就能改變幸福

心態決定幸福，改變心態就會改變幸福。對一件事物，能否改變心態，是受很多心理因素影響的，包括認知、評價、感情、個性……等。信念、理想、價值觀在其中有著重要的調節作用。越是高層次的幸福，其調節作用越大。因此，幸福是主觀的。幸福的心理結構是極其複雜的，主要由認知、評價、感情、個性等心理因素組成，其中調節作用主要由信念、理想、價值觀等承擔。

1.2.3 樹立多元幸福觀

客觀事物總是存在，我們每天的生活本身就是面對客觀的事物。客觀的事物非常多種類，因此對幸福的感受也是各式各樣的。筆者多年的幸福心理學研究成果表明，幸福的概念是抽象的，幸福的內容是具體的，因此幸福是多方面的。正是在這個意義上，筆者提倡多元幸福觀，並且認為多元幸福觀的核心是事業上的幸福（包括學習上的幸福、工作上的幸福等）。它與社會進步息息相關。

從社會現實出發，幸福的種類包括事業幸福、戀愛幸福、婚姻幸福、家庭幸福、健康幸福、交往幸福、社會幸福……等等。不同種類的幸福有不同的實際感受內容。筆者建議，首先要爭取事業上的幸福，它是幸福的核心。於此同時，也要爭取其他的幸福。

1.2.4 幸福不僅在結果，幸福也在過程中

有些人存在著錯誤想法，認為只有考上了大學，才會獲得幸福；有人認為，只有生了一個白白胖胖的兒子，才會幸福；有人認為只有兒孫滿堂，才會幸福。這些結果，是幸福開花結果了。但是在達到這些幸福

的過程中，很多人沒有感受到幸福，甚至覺得是負擔。這就是只追求幸福結果，而忽視了幸福的過程。持有這種幸福觀的人，往往整日忙忙碌碌，甚至疲憊不堪，心情是憂鬱的，情感是負面的，甚至會產生無奈、絕望的心情。這就形成了一種誤解——有了幸福的結果才是幸福，而追求幸福的過程沒有幸福。

1.2.5　樹立禍福相互轉化觀點

古人們早有對禍福相互轉化的精闢論述。老子說：「禍兮福之所倚，福兮禍之所伏。」用通俗的話來說，壞事在一定條件下可以變成好事，反過來，好事在一定條件下也可能變成壞事。就筆者六十年心理學研究的成果來看，轉化的條件是「心態」。心態是禍福轉化的關鍵。心態好，可以保持幸福，鞏固幸福；心態差，就會失去幸福。心態好，可以從失敗中吸取教訓，轉化為幸福。

1.2.6　消除「身在福中不知福」的觀念，樹立「幸福常在身邊」的理念

其實很多人在事業、戀愛婚姻、家庭生活、身心健康、人際交往上，經常獲得幸福，但是由於很多人「身在福中不知福」，把幸福看成很神祕、高不可攀甚至離自己遙遠的事情，因此，身處幸福之中還是覺得自己不幸福。

有句老話，「身在福中不知福」。不少人用正確的尺度去衡量自己的情況，就會覺得自己是幸福的人。但也有人用不正確的眼光去看待自己的情況，總認為自己不幸福。因此，用正確的眼光看待生活，就會感到幸福。

2　戀愛幸福

2.1　走出戀愛的誤解

真正的愛情是幸福的、是甜蜜的，對人的身心都會產生很多方面的益處，甚至可以說，是調整心態最好的、最微妙的、最迅速的方法。若想獲得真正的愛情，從而獲得長久不衰、與日俱增的幸福，就要走出愛情的種種誤解。

常見的愛情誤解有以下 7 種。

(1) 尊敬之心不是愛情。

(2) 感激之心不是愛情。

(3) 興趣愛好相同不等於愛情。

有些人擇偶，追求興趣愛好的一致，認為興趣愛好一致就是志同道合。其實興趣愛好一致不是愛情的本質。興趣愛好相同的人，共同的語言可能多一些，可能較容易交流彼此的想法及感情，有助於感情的培養。但是，興趣愛好不同的人，只要價值觀一致、想法一致，其實也能培養感情。興趣愛好一致的人相交往，可能發展成愛情，也可能始終萌發不出愛情。因此，人在戀愛時不要過於強調雙方的興趣愛好一致，否則可能會錯過珍貴的年華。

(4) 同情不等於愛情。

在異性的交往中，經常會產生男女之間的同情心。同情是人類的一種寶貴的心理特質，但同情本身並不是愛情。女性更富有同情心，因此

容易將同情與愛情兩者混淆。女性也易察覺男性的同情心，對於來自異性的同情心很敏感，因此，也容易誤認為異性的同情心就是對自己的愛情。現實生活中把同情和愛情混為一談的事例屢見不鮮。

當然，未婚異性青年男女在同情的基礎上可能發展為友誼，在友誼的基礎上也可能發展為愛情。

(5) 一見鍾情不一定是真正的愛情。

在現實生活中，年輕人常常出現一見鍾情的情況。所謂一見鍾情是一種突然發生的愛情。鍾情的特點是被對方的外在因素所強烈吸引，一見而傾心，一遇而鍾情。一般說來，年輕男子容易被女生美麗的容貌所傾倒，女生則容易被男生外表英俊、言談大方、風度瀟灑、才華橫溢等特徵所折服，在相遇後即產生愛慕之情。

嚴格地說，一見鍾情並不是真正的愛情。真正的愛情是雙方的觀念及感情的高度融合和心理的相容。真正的愛情是兩人感情發展的昇華。

當發生一見鍾情，特別是年輕女生，應保持理智的頭腦，以冷靜的態度正確對待。既不要輕易地中斷來往，也不要草率行事。人們的認知是從感性認知發展到理性認知的。女生對男生有良好的初步感性認知，為進一步認知打下了基礎。把一見鍾情當成戀愛的起點，在相互了解中磨合和發展感情。

發生一見鍾情，千萬不要被鍾情之火沖昏頭腦，盲目地陷入戀愛的情網中不能自拔。一般來說，女性在性心理上比男性成熟的早，對鍾情的異性易產生強烈的衝動。因此女生千萬不可把一見鍾情看作戀愛的終點，形成閃電式的戀愛、閃電式的結婚，否則可能鑄成大錯，後悔莫及。

(6) 憐憫不是愛情。

有些天真的年輕人對犯錯的他人，帶著挽救的心情去接觸，甚至用憐憫代替愛情。結果使自己陷入了痛苦的境地。在現實生活中，錯把憐憫當作愛情的悲慘事例屢見不鮮。

(7) 異性友誼不是愛情。

異性友誼與愛情本質上是兩回事，但是異性友誼與愛情也有關連。異性友誼可以進一步發展轉變為愛情，但異性友誼畢竟不是愛情。

有些年輕人在學習與工作中建立了友誼。有時誤認為雙方有了愛情，而主動地向對方求愛。這說明在實際生活中，有些人混淆了友誼與愛情。特別是有一些人混淆了友誼與愛情的界限，主動向對方表達愛情，遭到婉言謝絕後，自尊心受到挫折，情緒變得低落。

異性友誼與愛情有明顯的區別。異性友誼是廣泛的。在女性的學習與工作中，一位女性可與多位男性在彼此間的同僚感情的基礎上發展成為同僚友誼。

愛情卻具有排他性，一位女性只能與一位男性結成愛情關係，意即愛情是專一的。

若異性雙方都沒有戀愛對象或愛人，異性朋友之間的友誼在一定的條件下可能發展成為愛情。異性雙方或一方已有戀愛對象或愛人，在正常的心理狀態下，異性朋友之間的友誼不應該發展成為愛情。

2.1.1　青年戀愛情感的特點

青年戀愛的情感特點，在於把所愛的對象理想化。「情人眼裡出西施」，這是青年男女在戀愛過程中常常出現的心理現象。這時雙方的感情和

諧又激情，由於感情的泛化，感到對方是「完美無缺」的，用美好的眼光看待對方的一切。在一般人看來的缺陷或缺點，在情人眼中卻視而不見。

在戀愛過程中要努力使理智與愛情相互配合，在理智的支持下，燃燒愛情之花，使愛情變得更加高尚、更加甜蜜。否則，被熱戀的衝動沖昏了頭腦，沉浸在一切都稱心如意的歡欣之中，等到結婚後，頭腦清醒，才看見缺點或缺陷，又不能好好處理，則會影響夫婦之間的感情，甚至會導致愛情破裂。

一位心理學家曾說：「在如痴如醉的感情刺激和雙方互相討取歡心的情況下，表現出來的，往往只是好的一面。婚後的庸俗行為破壞了愛情的例子是很常見的。年輕人本來在等待著什麼奇妙的東西，可是後來全落空了。」

因此，婚前理智冷靜地分析對方的優點與缺點，全面地、深刻地認識對方，才能保證婚後的幸福。

2.1.2　人的氣質類型與戀愛方式

不同氣質類型的人，在戀愛過程中的表達會有所差異，表達感情的方式也不盡相同。不同氣質類型的人，在戀愛中各有所長，各有所短，要截長補短，才能獲得愛情的成功。

氣質是人的典型的、穩定的心理特點。這些特點以同樣的方式表現在各種行為中。氣質使一個人的心理活動表現帶有個人獨特的色彩。心理學把人的氣質分為四種類型，它們在戀愛活動中反映出不同的特點。

(1)膽汁質。這種氣質類型的人表現為熱情、坦率、情緒強烈且易爆發，精力旺盛，心情變化激烈。這種人對愛情敏感，感受愛情迅速，對

異性之愛強烈，表達愛情坦率，但是對待愛情可能簡單，表達愛情欠含蓄。因此。膽汁質的人對愛情可能操之過急。這種人要在戀愛過程中，要注意多尊重對方的感受，並且謹慎自身的語言與行為。

(2)多血質。這種類型的人活潑、好動、敏感、反應靈敏、善於交際、多情。對對方感情豐富，但是有時感情易變，可能有「冷熱病」。因此多血質的人在戀愛中，要力求感情穩定，多方了解，逐步前進。

(3)黏液質。這種氣質類型的人表現冷靜、沉著、情緒不易顯露、反應緩慢、沉默寡言、善於忍耐。在戀愛表現中老練沉著，通常不會感情用事。表情冷淡、行動遲緩，可能使人有深奧莫測之感。因此在戀愛中要熱情，及時捕捉愛情的訊號，並作出正確的反應，免誤良機。

(4)憂鬱質。憂鬱質的人表現為孤僻、行動遲緩、感受濃烈、深情沉默。對愛情表現深情，往往深思熟慮，感情內斂而不外顯，缺乏表達愛情的勇氣。因此憂鬱質的人在戀愛中要積極主動，要勇於吐露真情。

2.1.3 甜蜜愛情的心理規律

在戀愛與家庭中享受甜蜜愛情的人，總是說他們在一起「合得來」；而在戀愛中分手的人或離婚的人總是說他們在一起「合不來」。

從心理學來說，所謂「合得來」就是心理相容，所謂「合不來」就是心理不相容。心理相容主要是指人們的思想、情懷、志向、信念、興趣、愛好等方面的合拍與協調。一對情人、一對夫婦心理相容則會感受到快樂、幸福、甜蜜、美好；心理不相容則會感到惆悵、痛苦、傷心、厭惡。一對情人、一對夫婦只要心理相容，則情投意合，達到了「酒逢知己千杯少」的境界。心理不相容，則貌合神離，出現「話不投機半句多」的狀態。

戀人、夫婦的心理相容可進一步發展為心理相容動力定型，意即心理相容已經習慣化、自動化了。心理相容動力定型由於情人、夫婦一方的破壞或由於其他外來力量的破壞，則會出現心理衝突和心理痛苦。《紅樓夢》中賈寶玉與林黛玉相愛是因為他們心理相容，而這種心理相容遭到破壞，對賈寶玉和林黛玉精神上與身體上的打擊是極其明顯的。

2.2　關於獲得戀愛幸福的方法

2.2.1　忠實於戀愛

愛的範圍很廣，包括父母與子女的愛、朋友之間的愛、同事之間的愛、戀人之間的愛。確定戀愛關係，實際上就已經開始了愛情培養。確定戀愛關係的愛情，就具有性意向。愛情是包括性意向的。朋友之間、同事之間的非性愛不包括性意向成分。性意向是構成愛情心理結構的主要組成部分。性意向是性愛與非性愛的本質區別。因此，戀愛是具有排他性的。

談戀愛，一定要有責任心。一般說來，沒有解除戀愛關係之前，不應再和第三者談情說愛，過去叫做三角戀，現在叫做「N角戀」。實際上失去了戀愛的本質意義，是對戀愛的踐踏，嚴重的甚至會引發情殺，導致人間悲劇。

愛情和戀愛是人類非常微妙、富有變化的一種感情。因此，要有高度的警惕。有的確實不是有意介入的，也沒有清晰意識到自己的感情變化。所以為了戀愛成功，要經常提醒自己，有沒有同時和其他異性有朋友以外的關係？並且，也要避免與其他的異性有愛情方面的接觸。

2.2.2　戀愛不要閃電式

據筆者接觸過的戀愛諮商者來看，也是有閃電式戀愛的案例。才認識幾天，就確定了戀愛的關係，甚至再過幾天就結婚，最後是閃戀、閃婚、閃分。因為戀愛是個過程，需要非常細心去了解彼此。戀愛中的人都可能會「情人眼裡出西施」，這是一種心理的「暈輪效應」，因此出現閃戀、閃婚。

戀愛的過程必須經過相對較長時期的相識、相知、相愛，否則難以真正了解對方。戀愛要禁得起時間的考驗。從一些離婚案例的情況來看，因為閃電戀愛、閃電結婚，彼此沒有深入了解，婚後很多問題才浮現出來，這時候，夫妻二人往往對彼此大失所望，從而導致離婚。

3 婚姻家庭幸福

3.1 夫妻關係的心理類型

夫妻關係是一種非常複雜的關係。夫妻關係的心理可以以不同的標準分類。不同的夫妻關係心理類型產生不同的心理效應。

從夫妻平等角度劃分夫妻關係的心理類型可分為 3 種，即夫妻關係平等的心理類型、大男人主義的心理類型與妻管嚴的心理類型。

(1) 夫妻關係平等的心理類型。

夫妻關係本來就是平等的。夫妻關係平等的心理類型表現為：夫妻雙方在政治上、經濟上、人格上都是平等的。他們有同等的權利處理家庭中的各種事務，例如，經濟支配權等，同時共同承擔家庭義務，例如操持家務、教育子女等。

夫妻關係平等的家庭往往充滿民主、美滿、和諧的氣氛，夫妻關係和諧，彼此信任、互相幫助、互相關懷、互相尊重。這種心理類型的家庭，有利於子女心理健康發展，有利於培養子女平等待人、團結合作、講究禮貌、尊重他人的優勢心理與特質。

(2) 大男人主義的心理類型。

受社會傳統的心理習慣影響，家中的經濟、生活等權力都集中在丈夫一人身上，易產生「大男人主義」。丈夫對家庭一切事務都有決定權。在這種夫妻關係類型的家庭中，妻子往往處於從屬地位，形成了「夫唱婦隨」的心理，妻子操持家務，生兒育女，侍奉丈夫和公婆。

大男人主義心理類型的家庭對子女的心理發展會產生不良影響。男孩易形成專橫等不良個性，而女孩易形成自卑等不良個性。

(3)「妻管嚴」的心理類型。

夫妻關係的「妻管嚴」的心理類型是妻子在家庭中處於統治地位，而丈夫處於從屬地位。家庭中的經濟、生活等權力集中在妻子一人手中，妻子在家中支配丈夫，丈夫充當「綿羊」角色。有的妻子甚至干涉丈夫的工作，「枕邊風」使丈夫無原則地言聽計從。

夫妻關係「妻管嚴」的心理類型中的妻子，很容易形成不良的心理特質，她往往性情粗暴、態度蠻橫、嬌氣十足。這種夫妻關係的心理類型的丈夫常易形成壓抑、憂鬱、謹小慎微等不良心理。當然這種心理類型的家庭對子女心理發展極為不利。孩子易形成嬌生慣養、粗暴、任性等不良個性。

3.2 獲得婚姻家庭幸福的方法

3.2.1 大眾滿意度最高的事情

華人對於「家」的情結非常濃厚，最好的例子就是：春節。春節，是一個讓許多家庭大團圓聚在一起的節日。為了這個節日，為了家庭團圓，可以克服重重的困難，不顧一切，只為促成這個美好的相聚。

家庭成員，學會相互尊重、相互溝通，及時化解矛盾，是鞏固家庭幸福的一個重要方法。政府相關部門或是鄰里間的轄區機關也應該採取有效的調節機制，及時化解家庭矛盾，鞏固家庭穩定、社會和諧。

矛盾無時不在、無處不在。有句老話，「家家有本難唸的經」，這充分說明，家家都有矛盾，有矛盾才是正常的。家庭關係、夫妻關係，常

常是在化解矛盾的過程中，得到發展和昇華的。因此，不應該迴避矛盾，應當正視矛盾。採取適當的方法解決不同的矛盾。

3.2.2　尊重人格

從筆者過往的諮商經驗，特別是對資優生家教方式的研究獲得的結果來看，家庭成員相互尊重，是發展婚姻關係、家庭關係，最為重要的心理基礎。

但是，傳統文化關於家庭也有些錯誤的理念。例如：「夫唱婦隨」、「父母之命不可違」，從現代社會的婚姻家庭理念來看，這顯然是不對的。它是婚姻家庭人格不平等的表現。家庭成員在人格上是平等的，這是維繫和睦的家庭關係最重要的心理支柱。

3.2.3　忍一時風平浪靜，退一步海闊天空

忍一時風平浪靜，退一步海闊天空，這是筆者在長期的家庭生活中，根據心理學的原理，找出的一種避免家庭矛盾，使生活幸福，且行之有效的妙計。

3.2.4　親子教育的重要性

據筆者受理過的諮商案例來看，目前社會上，夫妻間的矛盾主要受兩個因素影響，一個是性生活不協調，但是彼此都沒有誠實說出來，而是放在心裡，甚至在潛意識發揮作用，成為婚姻家庭不穩定的因素。另一個就是親子矛盾，以及夫妻對教育子女的理念不同。

可以說，在現代社會，制約家庭幸福、家庭和睦的一個主要因素是親子關係問題、家庭教育問題。因此，家庭教育問題應該提升到需要全社會一起關心的程度來。

4 人際關係幸福

4.1 獲得人際關係與幸福的方法

(1)酒逢知己千杯少,話不投機半句多。

人際關係好,猶如「酒逢知己千杯少」,使人獲得安全感、喜悅感與幸福感,人際關係差,使人獲得不安定感、厭惡感、敵對感,破壞人的幸福。

(2)智商高,也要情商高。

(3)正向心理助你提高人際關係幸福感。

綜合社會心理學研究,最吸引人的、最使人喜歡的人際關係的狀態是真誠和誠實。其次還有真實、可靠、體貼、熱情、友好、負責任、開朗、相信別人、理智、友善、幽默等。

(4)負面心理破壞人際關係幸福感。

社會心理學研究顯示,影響人際關係和諧最負面的狀態是說謊和假裝。其次還有冷酷、虛偽、討厭、無信任感、自大、多嘴、目光短淺、粗魯、敵對等。

(5)求同存異,講求策略。

在人際交往中,人們對事物的認知,常常有不同的看法。這一般認為是正常的。但是有的人,堅持自己的意見,往往強化矛盾,使感情受到傷害,因此在人際交往中,既要堅持原則,又要有靈活性,要求同存

異，防止把人際關係搞僵。在人際交往中，所謂的靈活性，也包括講求人際關係的策略和技巧。

所謂人際關係策略和技巧，是以不違背人際關係原則為前提的。它的目的是在人際關係中，使對方更容易接受自己的意見和看法，是用一種「曉之以理，動之以情」的方法，使大家達成共識，而不是強制地讓對方接受。

4.2　提升人際關係的五個祕訣

人際關係好壞、學習工作的效率對心理健康、對增進團結都有重大影響。

人際關係的面向很廣，包括家庭人際關係、工作關係、校園的人際關係、鄰居關係、親朋好友關係等，凡是有人群的地方都可能形成人際關係。根據筆者多年研究，總結出增進人際關係五個祕訣，心要誠、臉要笑、嘴要甜、手要快、腿要勤。

第一，心要誠。心誠是增進人際關係最核心、最根本、最重要的祕訣。國內外社會心理學研究普遍認為，心誠是人際關係需求的首要因素。另一方面研究說明，無法擁有良好的人際關係最主要的因素就是虛偽。心誠是人際關係的核心和靈魂。心誠就是誠心誠意、不虛偽，不是說大話、空話、假話，是從內心深處散發出的一種與人交往的、誠心誠意的、本質的東西。心誠不誠，只要彼此說幾句話就能看出來，心不誠的人說出的話，一聽就知道他在欺騙你、吹捧你、對你諂媚，對這種人一定要警惕。有的人說話很直爽，卻是心理話，實實在在的話，有時可能脾氣不太好，但是是從內心深層發出的聲音、是誠實的，這種人你一

定要親近他。

心誠也是社會核心價值觀所提倡的內容。作假、欺騙，這些東西都和「心要誠」這個理念相違背，無論在哪個社會和時代，心誠都是提升人際關係最根本的東西。政府機關人員在外交中，能和世界各國的朋友，甚至社會制度不同、敵對勢力的人都能建立良好關係，就在於他心誠。這說明，儘管想法不同，但是只要我們從真誠的角度出發，就能實現求同存異、互助互利。

所以說，心要誠是建立良好人際關係最根本、最重要的法寶。如果要說有什麼祕訣，那麼心誠就是最好的祕訣。

第二，臉要笑。我們要笑臉迎人。心理學研究顯示，初始效應很重要，笑臉迎人能夠給人一種樂觀向上、開放、明朗、透明的感覺，繃著臉、冷若冰霜使人感覺寒冷、疏遠甚至厭惡。笑，是人內心良好精神狀態的外在反映，笑是人內心世界對外的一個重要窗口。誰不喜歡笑的人？誰喜歡冷若冰霜的人？這是人的共同心理特點。但這個笑需要是發自內心的笑，不是冷笑。當然，笑也是一種藝術，是人有自信的外在表現，有信心的人、有力量的人面對生活、面對現實、面對困難，總是笑對一切。缺乏信心的人、畏懼的人、害怕困難的人往往無精打采，沒有笑容。因此，笑是人精神狀態、力量強弱、心理實力、心理能量的表現。在人際關係當中，笑可以發揮非常重要的作用。

第三，嘴要甜。嘴要甜倒不是阿諛奉承，而是發自內心善良的、真實的、友好的表達。一句話從不同心態的人嘴裡說出來就會不一樣。「嗨，你真了不起！」聽起來是一種發自內心的讚嘆。「嘿，你了不起啊？」這是一種懷疑和質疑。因此，嘴要甜，要伴隨語言來表達，不要

拐彎抹角、不三不四、不冷不熱，聽起來就很彆扭。要學會從內心遵循這種理念，對待任何人就像對待朋友、親人一樣，這樣你就會做到「心要誠、臉要笑、嘴要甜」。

第四，手要快。有很多事情是需要大家共同做的，例如維持公共環境整潔、室內整潔等。勤快也是要養成習慣的，無論地位多麼高、多麼富有，在人際關係中一定要勤快。地位越高、越有錢、長得越好看，越勤快，別人越尊重你。地位高、有錢、長得漂亮，但是什麼事都不動手，都依賴別人，人家未必尊重你，而是會小看你、藐視你。你該動手時不動手，處處依賴別人，人際關係自然不會好。

第五，腿要勤。有一句話「讀萬卷書行萬里路」，書看得多了，累積的知識就多了，腿勤了，親自去做、親自感受、親自考察，就能獲得第一手材料。建立良好人際關係，腿勤也很重要，多走動、逢年過節多去看看自己的朋友，特別是過去幫助過你的人，要用感恩的心態去拜訪人家。經常發個訊息問候也非常重要。人是有感情的動物，感情是呼應的，你問候他，他也會問候你。看到身邊的朋友、同事、同學有困難，要提供幫助，在幫助他人的同時也獲得了友情，也是建立良好關係的一個祕訣。總之，人際關係對人的學習、工作和生活極其重要，但是建立良好人際關係也很容易。最根本、最重要的是要誠實，其次要做到「臉要笑、嘴要甜、手要快、腿要勤」。這樣做，建立良好的人際關係就不是問題了，就會讓你在人際關係良好正向的環境中平穩度過一生，為自己的家庭、事業、人生，做出應有的貢獻。

5　美感幸福

5.1　美感

　　美感是對事物的主觀感受，是一種高級情感。美感是在欣賞自然景物、精神生活的美好境界和藝術作品的時候表現出來的。

　　看著美好的自然景色和欣賞藝術作品時，會使人產生美感，有時使人流連忘返。美感不僅在感知美好時發生，精神上的美好也能激發美感。

　　人類對美的感受與體驗有著共性的一面。世界各地的名勝美景，人人都讚賞。

　　人的階級、習慣、教育程度、個人心理特點等因素，都會影響人們對客觀事物的美的評價標準。因此對美的感受、體驗也不盡相同。

　　人的美包括生理美、修飾美、風度美、精神美。

　　生理美包括容貌、姿色、身材、皮膚等。它是人體的自然美，主要由人的生理決定。

　　修飾美包括衣服的樣式、髮型、裝飾等。這是在人體美的基礎上經過自身修飾、自我加工而形成的美。

　　風度美包括待人接物、舉止言行、禮貌等。

　　精神美包括思想、意識、道德、情操、意志、智力等，這是內心世界的美。精神美是人體美的核心。「誠於中而形於外」，精神美，體現在

人的行為與語言方面，精神美支配與調節人對生理美與修飾美的追求傾向及其程度。

5.2 獲得美感幸福的方法

(1) 樹立當代美的意識。

(2) 學會適當地裝點自己。

(3)「到什麼山唱什麼歌」。

(4) 學會分享美，大飽眼福。

一個人欣賞自身的生理美、裝飾美、風度美與精神美，會產生愉悅的情感，提高對自身美感的主觀幸福度。要學會在充分欣賞自然美、社會美與人體美的同時，分享美的魅力的主觀幸福感。

世界是充滿美的，充滿幸福的。人人都是平等的，人的心態決定分享美的幸福度。人的心態是分享人的美的最關鍵、最重要的因素。心態好的人能從日常艱難的生活中，分享人間事物帶來的幸福感。心態不好的人即使住在豪華的別墅裡，吃著山珍海味，站在秀麗的山川前，都會麻木不仁。

總之，無論是自然美、社會美、藝術美還是人體美，處處存在，時時存在，重點是要有陽光、平和的心態，就能時時處處欣賞到美的魅力，從而使自己產生美的幸福感。

6　心態決定幸福

(1) 幸福的認知評價。

正面的認知評價賦予幸福。

負面的認知評價帶來痛苦。

(2) 期待決定幸福和痛苦。

(3) 心寬者易幸福，心窄者易痛苦。

(4) 6種心態易奪走人們的幸福感，包括憂鬱、焦慮、敵對、人際關係緊張敏感、學習和工作壓力大、心理不平衡。

(5) 實現自身價值便是幸福。

(6) 價值觀決定幸福。

(7) 正向的心理應對方式。

第一，心理應對方式各式各樣。在心理壓力和挫折面前，人們常常出現焦慮、憂鬱、憤怒、攻擊、屈從、發憤等心理應對方式。

負面的心理應對方式，使人感到垂頭喪氣或嫉妒憤怒，帶來的是痛苦。正向的心理應對方式，使人化負面為正面，喚發心理潛力去戰勝心理壓力和挫折。迎來的是戰勝挫折的感受，迎來的是幸福的感受。

第二，心理應對方式既穩定又可變。

第三，改變負面心理應對方式。要改變對心理壓力、挫折的不良的心理應對方式，首先要了解自己經常採用的是什麼樣的心理應對方式。如果你遇到了困難，就心情不悅、悶悶不樂，這就是一種憂鬱的心理應對方式。

Part1　幸福心理學

如果你在生活中一遇到困難,就大發脾氣,與人反唇相譏或摔東西,這就屬於攻擊性的心理應對方式。

了解自身屬於哪種負面的心理應對方式,這是改變負面的心理應對方式的前提。

6.1　獲得幸福心態的方法

(1) 幸福的本質是主觀的。

(2) 幸福的心理結構。幸福是心理的表現和產物。幸福的心理結構極其複雜。筆者認為幸福的心理結構主要由認知、評價、感情、個性等心理因素組成,信念、理想、價值觀在其中有著非常重要的作用,越是高層次的幸福,其調節性越大。

(3) 幸福感是一種正面的情緒感受。可以說在幸福感的成分中,情感成分占核心地位。正向情緒占比越高,主觀幸福感感受就越高,正向情感感受持續時間越長,主觀幸福感持續時間越長。主觀幸福感一旦變成了心情,就會使人「戴上幸福的眼鏡」看待周圍世界的一切。

(4) 改變心態就會改變對幸福的感受。具有樂觀心態的人常常比悲觀的人感受到更多的幸福。

外向型性格的人容易感受到幸福,外向型性格的人喜怒哀樂易表現在臉上。

他們有心事一定會說出來,有高興的事也會表達出來,受到壓抑情緒的影響較小。內向型性格的人常常把事情藏在心中,不善於釋放壓力和痛苦,容易產生不悅的心情,降低主觀幸福感。筆者從健康心理學研

究和幸福心理學研究中，逐漸認知到，內向型和外向型性格對心理健康和主觀幸福感有很大影響。因此，外向型性格獲得幸福感機會就會變多。所以，筆者認為父母若要想讓孩子生活得幸福，就要力求培養孩子成為外向型的人。這也是心態決定幸福的重要關鍵。

(5) 養成好習慣，播種幸福。

(6) 微笑長存，幸福永駐。

6.2　獲得住房幸福感的方法

住房問題是民生的大問題，是關係到能否過上幸福的生活的問題。筆者認為，衡量民眾是否過上小康生活，應該增加一個重要指標——民眾幸福度，即主觀幸福感。主觀幸福感不是抽象的、不可測量的，應該是可以評估的。

(1) 精心策劃、充分利用。居民要在現有的住房條件下，經過精心策劃和充分利用提高自己的住房主觀幸福感，包括房間的佈置、牆壁的顏色、家具顏色的搭配、地板的顏色、家具放置的位置、燈光照明等問題。只要經過精心策劃，利用生理學、心理學、醫學、建築學的科學知識和方法，幾乎每個家庭都會在現有住房的基礎上，提高住房的主觀幸福感。

(2) 不比較。「人往高處爬，水往低處流」。時代在發展，社會在進步。人們希望住房寬敞些、舒適些，這是一般民眾對住房問題的心理需求。但是否獲得滿足，要視情況而定。像世界萬物都存在差異一樣，在住房上，大家的居住面積也不會完全一樣。在基本的住房需求滿足的前提下，就應心滿意足，不要去比較。

「人比人氣死人」。比較的行為不會增加房子的面積，而只會越比越消沉、越比越鬱悶，自討苦吃。只要房子基本滿足自身需求，就可以安居樂業、自得其樂了。

一旦比較，勢必導致情緒低落，降低了自己對住房的主觀幸福感，這實在不值得。

(3)擺正心態。在現在的社會，房價一直是民生的一大熱門話題，也是難以解決的問題。民眾常受媒體報導的影響，透過暗示、模仿、感染的心理機制，導致大家對房價問題非常敏感。隨著房價的漲跌，人們的焦慮、鬱悶、埋怨、不平的心態，也隨之產生波動。

6.3　心態決定口福

(1)吃得開心就是幸福。「民以食為天」，吃這件事情，是人生的第一要素，是人的第一生存需求。現今，早已進入小康社會的狀態，關於吃，已經不是吃不吃的飽的問題，而是吃好吃壞、吃得香不香、吃得健康不健康、吃得幸福不幸福的問題。

每個人都希望有口福，這是人的正常生理本能和心理本能，在經濟條件允許狀況下，人們追求口福，是理所當然的。如何透過吃東西獲得口福、獲得飲食的幸福，是由風俗習慣、地理位置、生活經歷等多種因素綜合決定的。例如，有些人吃豬排吃津津有味，有些人吃豬排卻覺得噁心。

(2)口福引來富貴病。近年，富貴病非常常見。糖尿病、脂肪肝、肥胖，還有越來越引起關注的痛風，無不是因為吃得「太好」而造成的。這個「太好」只是嘴裡的美味，卻對健康有著很大損害。貪圖一時的痛快，造成長久的痛苦，反而降低了幸福感。

6.4　獲得吃喝幸福的建議

飲食是人的第一生存需求，人獲得物質幸福感的第一要素。吃飽、吃好、吃得健康，才能獲得飲食的主觀幸福感。吃不好、吃不香、吃得不安全不健康，就無法獲得飲食的主觀幸福感。關於如何獲得飲食的主觀幸福感，筆者提出以下幾點建議：

(1) 學會適當地飲食。

(2) 改變不良的飲食習慣和嗜好。

(3) 建立良好的用餐環境。

人在寧靜、舒適的環境中進餐，情緒安定，有助於消化。

不良的用餐環境，如周圍環境雜亂、聲音嘈雜，這些因素都不利於食物消化。

有些人一邊吃飯，一邊看電視，或者一邊聽很大聲的廣播等，都不符合飲食的心理衛生。在進食時，要排除環境的不良刺激，在自己的經濟條件許可的情況下，在比較舒適的環境中用餐。這樣可以讓飲食變成快樂的事情，並且增強自身幸福感。

(4) 建立良好的用餐情緒模式。

用餐前後要建立平靜與愉快的情緒模式。這種良好的用餐情緒模式，可以促進消化系統功能正常運作，有利於腸胃健康。

在實際生活中，有不少人存在著一些不良的用餐情緒模式。

(1) 思慮用餐情緒模式。

(2) 心緒不寧的用餐情緒模式。

為了建立用餐時的良好情緒模式，可根據個人情況，有針對性地採取一些措施。例如，在用餐前後，聽一些自己喜歡的輕音樂，對於建立用餐時的良好情緒模式很有幫助。但是，聽什麼樣的音樂，要根據自己的愛好和當時的情緒狀態而定。比如用餐前情緒比較高昂、激動，可以聽一些能促使情緒安定的音樂。如果用餐前情緒比較低沉，可以聽一些能促使情緒歡快的音樂。音樂的聲音不要太大，要適中或者偏低為佳。尤其注意不要一邊聽音樂，一邊看電視，容易影響聽音樂的效果。

　　一個人，無論是否患有腸胃疾病，建立良好的用餐情緒模式，不但對於防治腸胃疾病有很大幫助，還可以增加用餐的愉快度，提升用餐帶來的主觀幸福感，使人受益終身。

Part2　健康心理學

7　心理健康

心理健康是人對自然、社會與自身的和諧、有序與平衡的正向心理狀態。

走出心理健康問題的八個誤解：

(1) 心理健康問題不可逆轉的誤解。

(2) 僅有少數人存在心理健康問題的誤解。

(3) 心理健康問題與紀律、道德、思想問題相同的誤解。

(4) 心理健康問題就是精神病的誤解。

(5) 心理健康問題不能自我發現的誤解。

(6) 心理健康問題不能自我調適的誤解。

(7) 逃避生活、逃避競爭的誤解。

(8) 消極對待心理健康的誤解。

7.1　心理健康的衡量標準

人的心理健康程度受客觀環境、人的個性特點、認知特點的影響而變化。

7.1.1　心理健康的衡量標準

衡量人的心理健康程度的方法是多樣化的，通常可用心理健康定性標準。

7　心理健康

人的心理健康標準包括七個方面：智力正常、情緒穩定、意志健全、行為協調、人際關係適應、反應適度、年齡與心理特徵相符。

情緒穩定而愉快是衡量心理健康的重要指標。

人的健康包括兩個方面，一是身體健康，即生理健康，二是心理健康。兩者是不可分的，只有身體健康沒有心理健康，不是完全健康的人，只有心理健康而沒有身體健康也不是一個完全健康的人。只有兩者皆俱才是一個完全健康的人。我們的社會發展有許多條件限制，過去大家都重視身體健康忽視心理健康。但是，現在人們逐漸開始重視心理健康了，不過要怎麼衡量是一個大問題。

筆者曾編制過一個高中生心理健康量表，測試過 40,000 名高中生，透過心理健康量表可以相對準確地衡量人的心理健康狀況，其測試結果還是相當可信的，但是如今社會上有人用筆者製作的心理量表來測試，費用卻很高。儘管有其他標準也可以衡量心理健康狀況，但是筆者的研究證明，人的心理健康最核心的標準是情緒穩定而愉快。情緒穩定而愉快是人心理健康最基本的要素。

實際測試就是，首先想想最近 10 天以來你的情緒是否經常比較穩定？經常感到比較愉快？如果是的話，說明你的心理基本是健康的。如果過去 10 天以來情緒經常不穩定，經常感到不愉快，可以初步說明你近來的心理健康存在問題，這就需要使用心理健康量表進行精確測試，看看心理問題表現在什麼方面、程度如何。情緒穩定而愉快，衡量起來非常方便，每天都可以做到，因為它非常簡便。其次，不花費任何費用。最後，可以做心理健康記錄。每天記錄心理健康狀況，並把它分為三類，好、中、差，便於觀察自己或孩子在成長過程中心理健康狀況的動態變化。

7.1.2　心理健康的特點

心理健康作為一種心理狀態具有下列特點：

(1) 連續性。

心理健康是指在人的心理活動中呈現出正向的、和諧的、平衡的一種心態。

在適應世界與改造世界過程中，人的心理是在不斷變化的，不會總是停留在同一種心態之中。

人對客觀世界總是存在不同的心態反應以及不同的適應程度。人在面對客觀世界以及客觀世界的改造過程中可能出現最負面、最消沉、最不平衡、最不協調、最混亂的心理狀態；也可能出現最正向、最和諧、最有序、最平衡的心理狀態。人在生活過程中，從最正向、最和諧、最有序、最平衡的心理狀態到最負面、最低沉、最不平衡、最困難的心理狀態是一個連續的心理過程。

在一般情況下，絕大多數人的心態是處於最健康狀態與最不健康狀態的連續過程之間的。

(2) 相對性。

人的心理健康程度的高低是相對的。心理健康的相對性具有兩方面的含義。

第一方面的含義是自己跟自己比較。例如，一個人最近的心理狀態比起前一個月的心理狀態較好。第二方面的含義是與他人相比較。例如，小明的心理健康狀態比我好，小明的心理平衡，而我心理不平衡，也就是說我的心理健康狀態跟小明相比差了一點。

(3)動態性。

人的心理是人腦對客觀現實的反映，在現實生活裡，人的心理不會永遠停留在一個狀態之中。作為人腦對客觀實際的心理反映也是不斷發生變化的，因此，人的心態也總是在變化。

一般說來，人的一生不可能總是處在最正面、最平衡、最協調的心態之中，難免有發生意外的時候，同樣，情緒也難免有低沉不安的時候，這不足為奇。

(4)轉化性。

人的心態是發展變化的。人的心態的產生是有原因的，儘管原因錯綜複雜，有時甚至有些莫名其妙，但是，是可以轉化的。

人的心理狀態既可以由良好的心態轉化為不好的心態，由正面的心態轉化為負面的心態，也可以由不好的心態轉化為良好的心態，由負面的心態轉化成正面的心態。

心態的轉化有兩方面的原因，一方面是客觀的原因，如現實的變化、客觀情景的變化。例如，當老師尚未得知本班學生考試成績情況時，心裡會感覺焦慮不安、擔心，而一旦得知本班學生考試成績很好時，老師的焦慮不安、擔心的情緒會立即消失，滿意愉快的心態隨之產生，這主要是由客觀環境的變化引起的心態的變化。

另一方面，人的個性特點、心理特點、認知特點等自身的抗壓力程度對人的心態轉化也有一定重要的作用。

不同人格傾向的人對自身的心理健康有一定的制約作用。具有憂鬱傾向的人看待事物往往帶有憂鬱傾向，總把事物往壞的方面想。

(5)受社會文化因素的制約。

一個人的心理與行為的健康受所處的社會歷史背景、文化背景、民族風俗等因素的制約。

在清朝，男人留辮子，女人裹小腳，這些行為被視為是正常的，當時如果有男人不留辮子，女人不裹腳，就會被視為異常行為。現今，若有男人留辮子，有女人裹腳，也會被認為是不正常的行為。人的心理健康深深地刻上社會歷史、文化的烙印。

(6)具體性。

人的心理健康是具體的，具有一定內容。心理健康總是與一定的心理行為相關連。心理健康的內容多樣化，心理健康的表現形式各式各樣，心理健康存在的問題也是如此。

心理健康程度可以分為三個等級，即心理健康程度尚可、心理健康程度良好與心理健康程度優秀。心理異常也大體可分為三個等級，即心理異常輕度、心理異常中度與心理異常重度。

心平氣和、心滿意足、精力充沛、心曠神怡，這些都說明心理健康程度高。坐立不安、神情恍惚、麻木不仁、悲觀失望、心急火燎、灰心喪氣，表明心理健康存在問題。

(7)時效性。

喜怒哀樂人皆有之，不能把短暫的情緒表現視為一種狀態。例如，經常心平氣和的人也可能在遇到憂煩、有害於社會、有害於人的道德的事情時表現出異常憤怒，這不能算作心理不健康的人。但是如果持續一個星期或半個月暴怒不止，這種表現說明這個人在這個階段心理健康有著嚴重問題。

7.2 心理健康教育與
　　德育、智育、體育、美育、勞動教育

　　心理健康教育與德育、智育、體育、美育、勞動教育有著密切的關係。它們相互連結、相互制約，但是不能相互代替。各自在全面培養學生品性方面都有著很大的作用。

　　(1)心理健康教育與德育。

　　心理健康教育是德育的心理基礎。德育是培養學生良好的思想道德品性。

　　道德品性是由心理因素組成的。構成道德的心理因素主要有道德認知、道德情感、道德行為等。加強心理健康教育，培養學生良好的個性，對形成學生良好的道德品性有很大的幫助。道德離不開心理因素，因此，加強心理健康教育，是提高學生道德程度的重要途徑之一。

　　心理健康是公德心的窗口。舉止文雅、彬彬有禮、行為協調、知行統一、言行一致是公德心的表現，是健康心理的表現。

　　一個人舉止粗魯、語言汙穢、行為不協調、語無倫次，是不健康心理的表現，是精神不文明的表現。21世紀是更加文明的時代，要求人們具有更高的公德心。21世紀的社會，對人們的道德水準提出了更高的要求，對人們的公德心程度提出更高的要求。為了培養學生具有更高的公德心，家長、老師都要十分重視對中小學生進行心理健康的教育。

　　(2)心理健康教育與智育。

　　國內的教育方針是使學生德、智、體、美、勞全面發展。加強心理健康教育對促進學生智育發展有很大的作用。

其實，心理健康的內涵就包括學生有正常的智力。學生要有正常的智力，才能更好地適應社會、發展自己，參與社會活動，改變世界。在進行心理健康教育時，提高學生的情緒穩定性與情緒愉快度，使學生學會自我心理調節，使自己的心態保持在相對平穩、相對平衡、相對協調與和諧的狀態，必然會有助於學生的智力發展。如果情緒忽高忽低、情緒悲觀，就會阻礙智力的發展。

(3)心理健康教育與體育。

人的健康是身體健康與心理健康的結合。二者相互連結、相互促進。加強學生的心理健康教育，提高學生的心理健康程度，就能促進學生身體健康。

心理健康的人會促使神經系統協調而穩定，從而提高人體的免疫力。

健康教育既包括生理健康教育，也包括心理健康教育，二者相互關聯，相互依存、相互促進。既要重視生理健康的教育，也要重視心理健康的教育。加強心理健康的教育必將促進德育和體育的發展，促進學生身體素質的提高，使學生增強抗病能力。

(4)心理健康教育與美育。

健康心理本身就包含著人的內在美。

情緒穩定、情操高尚、意志堅強，本身就是人內在美的代表。在這個意義上可以認為，提高人的心理健康程度就是提高人的內在美。人的美是內在美和外在美的結合。一個健康的人不僅具有內在美的因素，而且行為大方、動作得體、言行一致，這些就是外在美的表現。

(5)心理健康教育與勞動教育。

心理健康教育使學生保持良好的情緒，培養學生良好的情操、堅強的意志、優良的個性，這對培養學生良好的觀點、習慣、行為都有很大的幫助。加強心理健康教育，提高學生的情操與意志程度，增強學生克服困難的信心與力量，讓學生克服各種困難，從而形成良好的勞動習慣。

(6)心理健康教育與學業。

考試前與考試中的心態是應付考試是否成功的因素。

強迫症狀限制了考生思維的廣闊性與靈活性，阻礙了考試答題的速度，影響考試成績。情緒低落束縛了考試心理能量的發揮，使考生難以進入考試狀態，影響考試成績。焦慮使考生情緒不安，束縛了記憶力的發展與發揮，從而影響考試成績。軀體化使考生神經系統紊亂，使心理功能在考試中無法正常協調發揮。

學生應在考前自我測試心理健康狀況，從而有針對性地調整自己的心態。

家長應幫助學生在考試前測試並調整孩子的心態，為考試創造成功的心理狀態。

筆者對這個問題做了二十年的調查研究、個案研究與實證研究。研究結果表明：

不良的心理因素是學習成績低下與考試成績不良的主要原因。

良好的心理因素是學習成績提高與超常發揮的主要原因。

調節好心態是考試成功的一半。

心態就是分數。

考試成功的規律＝實力＋心態。實力是考試成功的基礎；心態是考試成功的因素，有著調節作用，既可以使考生正常發揮，也可以使考生發揮失常。

實力和心態在學習成績與考試成功中同等重要，缺一不可，越是臨近考試，心態的調節越重要、越關鍵。

7.3　不良心態預防

7.3.1　調整心態簡便易行的 18 個方法

(1) 看早上八九點鐘的太陽。

(2) 每天逗孩子玩。

(3) 多與好友聊天。

(4) 養眼調心法。

(5) 旅遊調心法。

(6) 問候調整心態法。

(7) 張口捲舌頭調整心態法。

(8) 挺胸散步法。

(9) 笑口常開法。

(10) 暗示法。

(11) 深呼吸調整心態法。

(12) 按摩內關穴調整心態法。

7　心理健康

(13) 藝術欣賞調整心態法。

(14) 書法調整心態法。

(15) 生活節奏調整心態法。

(16) 輕鬆散步調整心態法。

(17) 學會玩手機。

(18) 唱喜歡的歌曲。

7.3.2　防止與克服憂鬱的三個「三分鐘」

憂鬱經常存在在人群中,這是一種心理問題。筆者的測試研究顯示,國內高中生30%有憂鬱傾向,成人也大約如此,但是有些媒體報導,國內憂鬱症有16%甚至更多,這是一種誤解。憂鬱和憂鬱症是兩回事,只是有些關聯,不能把憂鬱和憂鬱症混為一談。憂鬱通常是所說的鬱悶,即情緒比較低落,在人一生的不同時期都會出現甚至反覆出現,這是正常的。憂鬱症是一種嚴重的心理疾病,不能把兩者混為一談。不能把憂鬱擴大化,使人們緊張起來。

那麼,怎麼防止和克服憂鬱呢。筆者總結了每天三個「三分鐘」的方法。

第一個「三分鐘」是每天花三分鐘看早上八九點鐘的太陽。八九點鐘的太陽,帶來一種希望無限、充滿正向、積極、樂觀的感受,中午的、下午的太陽帶來的感受是不一樣的。如果你一邊看早上八九點鐘的太陽,一邊加上一些暗示語,例如朝氣蓬勃、意氣風發、前途無限、前途光明等,效果會更好。

可以聯想一些過去去過的、看過的美好風景,想像一下在早上八九

點鐘的太陽下的景色是一幅多麼美麗的圖畫，這會增強觀看朝陽的心理效果，可以使你保持愉快、樂觀、積極的情緒，防止和克服低落的、消沉的、鬱悶的情緒。

第二個「三分鐘」是每天逗小孩玩三分鐘。1～3歲的小孩是最好玩、最天真、最幼稚、最可愛的。跟他們在一起，可以喚起童心、消除憂愁、帶來希望。稍大的孩子也可以逗他玩，跟他一起共同成長享受歡樂。親情的力量是巨大的，愛的力量能喚起人心靈的希望。

第三個「三分鐘」是聽自己最喜歡的音樂。最好是健康、快樂的音樂。歌唱總會使人不由自主聯想自己的生活經歷，從困難走過來的歷程。方向是正面聯想，聯想高興的事、溫暖的瞬間、美好的情誼，這能引導你產生正面、樂觀的情緒，換句話說，對克服消沉、低落、鬱悶的情緒也很有幫助。

7.3.3 人際關係敏感與敵對的預防

克服人際關係敏感與敵對，才能處理好人際關係。克服猜疑心，增強自信心，加強人際交流是克服人際關係敏感和敵對的良方。

不良父母的教養方式是形成敵對心理的家庭教育原因。學會疏通自己壓抑的情緒，學會寬容，增強自制力是克服敵對的良方。

7.3.4 預防不穩定的情緒

情緒穩定是心理健康的核心指標。穩定的心態是取得良好成績和競爭取勝的重要心理保證。防止情緒不穩定是心理健康教育的重要內容。

7.3.5　怎樣防止嫉妒心

嫉妒心是無能的表現。與其嫉妒、害人害己，不如學會競爭，超越自己、超越別人，促進發展。

要防止嫉妒就要學會競爭，但是，要對競爭有一個正確的認知，要有競爭的意識、競爭的勇氣、競爭的方法與競爭的對策。競爭不是損傷別人、不是貶低別人、不是中傷別人，而是用自己的智力，充分發揮自己的潛能超越自己、超越別人。競爭是正面的，不是負面的。在競爭中，大家共同前進，你追我趕，不斷地把標準推向新的高度。防止嫉妒必須培養寬闊的胸懷。

7.3.6　人格障礙的產生與預防

人格障礙是較為嚴重的心理問題，會對人際關係、社會適應、工作、學習產生較嚴重的危害。

父母良好的教養方式是防止不良人格的家庭保障。父母良好的人格與良好的行為方式是防止孩子不良人格的基本途徑。

培養信心與獨立思考的能力，防止依賴型人格形成。

教育孩子正確地評價自己、評價別人，學會正確的認知評價方式，防止偏執型人格；加強對孩子感情上的關懷和溫暖，防止反社會型人格的出現；培養孩子大膽、勇敢、創新的思想，防止強迫型人格的出現；培養孩子自我控制的能力，是防止做作型人格的重要措施。

7.3.7 自殺的心理介入

及早發現自殺的心理徵兆,走出心理危機。

(1)自殺的心理機制。

自殺是人有計畫地結束自己生命的心理行為。自殺的原因很多,目前過重的學習負擔是引起高中生過重的心理壓力的主要客觀原因。當然,人際關係問題、突發的重大精神刺激、突發的重大事故等都是引起自殺的客觀原因。

構成自殺心理的客觀原因非常複雜。不同的客觀原因引發的自殺心理過程也不盡相同。但是,自殺的心理機制是有共性的。在自殺的心理機制中,第一步是自殺傾向者遭受挫折,如欲望沒有得到滿足、考試失敗、精神上受到打擊等。絕不會因為喜事而自殺,也不會因為對自己感到滿意而自殺。

第二步是自殺的認知評價。例如,同樣是因為考試分數不理想,考試不及格、大考落榜,每個人的想法不一樣,有人認為失敗是成功之母,並繼續努力,有人認為大考失敗會終生倒楣。認知評價受自己的人生觀、價值觀、性格特徵的制約。幫助學生樹立正確的人生觀、價值觀和良好的性格,使孩子對事物有正確的認知評價,是防止自殺非常關鍵的心理對策。

第三步是過重的心理壓力。每個人對挫折的看法不一樣,認知評價不一樣,由此產生的心理壓力的程度就不一樣。

第四步是情緒低落。在巨大的心理壓力下,自殺傾向者會產生情緒的變化,感覺沒有前途,生活沒意思了。此時常常表現出憂鬱、絕望、無精打采……等負面、低沉的情緒。這個時期如果周圍的人仔細觀察,

就會發現自殺傾向者的狀態不一樣，從而捕捉到自殺傾向者的一些訊號。當然，有的自殺傾向者為了掩蓋自己低沉的情緒，往往裝得很鎮靜。但是經過仔細觀察也會發現一些蛛絲馬跡。

第五步是採取一定的行為結束自己的生命。自殺傾向者在實施自殺的過程中，有些人會表現出激烈的思想衝突，充滿死與不死的心理衝突。但最終由於籠罩在絕望的負面情緒中，缺乏必要的社會支持而走上自殺的道路。

(2)自殺的心理徵兆。

一般來說，在做出自殺這個行為前，會有一個心理衝突、心理掙扎的過程。很少有人遇到挫折後即刻自殺，都是在經過思想的衝突、心理的痛苦，對生活失去希望後，在絕望的心態下才會自殺。掌握一些自殺的心理徵兆，就能挽救一些試圖自殺的人。自殺的心理先兆表現有許多類型，通常表現在下列幾個方面：

第一、憂鬱。臉上失去了往日的笑容、快樂，心事重重，無精打采。

第二、自我評價降低。總感覺自己不行，沒有什麼前途，沒有什麼希望。

第三、興趣減低。有自殺傾向的人，對平日自己喜愛的、願意去做的事情也不感興趣了。一個人對自己平時最喜歡、最感興趣、最熱愛的事物突然毫無興趣、毫不關心，這是自殺最敏感、最嚴重、最有預測效果的徵兆。由於自殺傾向者的親人朋友接觸他們最多，最易察覺這些危險訊號，親人朋友發現這些危險訊號時，要不失時機地採取有效的心理社會支持，把溫暖送給自殺傾向者。要用同情心關心他，一刻也不能離開他，要不惜一切的時間和精力，陪伴在他的身邊，這是他人在幫助自

殺傾向者時可以採取的最有效、最得力、最關鍵的措施。同時，要分析自殺傾向者的實際困難，真正解決他的實際困難與實際困惑，這也是幫助自殺傾向者脫離自殺的有效方式。這兩條是預防自殺最緊急、最迫切的對策。

除了上述幾項預防自殺最緊急的措施以外，還要有預防自殺的心理對策。

對學生來說，預防自殺的心理對策包括：第一、樹立正確的世界觀、人生觀與價值觀；第二、培養良好的性格；第三、培養良好的應對方式。

而對於學校來說，努力提高學生的抗壓性、提升學生的心理健康程度，對預防自殺是極其重要的。學生的抗壓性程度高，心理健康程度就高，在溫室裡長大的花草是禁不起風浪的。我們不僅要讓孩子會學習，還要讓孩子會生活，會面對挫折。我們不僅要教孩子學知識，還要教孩子在學習的過程中如何應對挫折。

學校要積極辦理心理健康教育和心理諮商活動，對提高學生的抗壓性、提升學生的心理健康程度、預防自殺也有十分重要的意義。

在學校，要大力普及心理教育和心理諮商，消除學生對心理諮商的種種誤解。學校的心理諮商是預防自殺的非常重要的社會支持系統。

另外，從家庭教育方面預防自殺十分重要。作為父母，首先要教育孩子學會做人，不要把分數看得太重，不要制定超越孩子實際能力的學業目標，不要規定考試的分數，不要規定考試的名次，減輕孩子的學習負擔，從而減輕孩子的心理壓力。

父母是最了解自己孩子的，是最容易察覺自己孩子心態變化的。因

此，父母一旦發現孩子有違反常態的心理表現，要加以警惕，與孩子心靈溝通，多做心理輔導，幫助孩子建立信心、克服困難，而不是在孩子遇到困難的時候冷嘲熱諷，甚至打罵。

對於那些有自殺念頭的孩子，父母的親情可以溫暖他冰涼的心，可以融化他冰涼的心靈積雪，把他從悲觀失望中拉回到充滿陽光的大道上來。相反，冷嘲熱諷就會加速把孩子推向自殺的絕路。

8 人生能有幾多愁——
　　改變人生憂愁煩惱的心理模式

　　世人心態憂愁多於快樂。人生短暫不過百年，卻心懷千古愁。然而，在人生道路上，有些人生活中充滿了快樂。他們能在平凡的生活中感受到快樂、體驗到快樂、享受到快樂。

　　清朝著名畫家高桐軒的十樂養生之道頗有見地。他把每種樂都做了注解。

　　(1) 耕耘之樂：耕耘雖勞體肢，然頗健身心。伏案一日，把鋤半天，既享田家之樂，又能健壯人身；既不忘耕耨之勞，又有秋收豐食之望，何樂不為？

　　(2) 把帚之樂：把帚掃地，洗桌淨几，躬身舉手之勞，則塵垢頓去，地淨窗明，精神一快，樂趣即寓其中。

　　(3) 教子之樂：幸生陋巷，周鄰皆無科名之望，吾教子以詩文書畫，各徇其意，唯禁學舉子業。倘子弟樸實長厚，能以藝立身，自食其力，令吾無憂於後，豈不快樂。

　　(4) 知足之樂：吾生為卑工畫匠，遠不若貴為卿相，富盈百萬之祿食；然較吾困苦者何止千百。以此退想，公卿不足為貴，而安貧樂道，吾愛吾業，豈不一樂。

　　(5) 安居之樂：吾所居，里人多忠厚純樸之力作以食莊稼漢，言行實誠，和睦為習。居此仁厚鄉里，不聞酷吏之喝斥屬聲，亦一大樂。

　　(6) 暢談之樂：田間把鋤，勞而歇於地頭，與野老田夫縱談天下世外

事，或測天氣晴雨，或卜年景豐歉，袒胸暢談，其樂陶陶。

(7) 漫步之樂：飲不可過量，飯不可過飽。酒飯用量過多，未免令人昏沉，作畫亦然，時久則疲，宜起身散步於中庭，或漫遊於柳岸花畦，心神煥然爽朗，襟懷為之一暢。

(8) 沐浴之樂：冬月嚴寒不宜頻浴，餘三季皆當常浴，暖水溫和，反覆淋洗，遍身輕爽，活動經脈，有健身心，真乃一樂事也。

(9) 高臥之樂：每至炎暑伏天，白晝不宜作課，竹枕蒲蓆，北窗高臥，薰風吹來，五內生涼，合目養神，養精蓄銳正此時，亦勞者之一樂也。

(10) 曝背之樂：冬日天氣暖和，每至日中，或坐場上，或倚北牆，每日曬之，如披狐裘，通身溫暖，畏寒縮冷之感頓消，既活人筋血，又強人皮骨，其樂不可不知。

8.1 正確的價值觀

價值觀，它反映人對客觀事物的是非與重要性的評價。人在生活中，對各式各樣的事物，例如勞動、工作、學習、貢獻、成就、享受，在心目中都存在著主次、是非等不同看法。

在同樣的客觀條件下，具有不同價值觀的人的苦樂觀也是不盡相同的。

由於人們追求的價值不同，情緒表現也有所差異，有的人會從別人覺得苦的事情中找到樂趣。這也就是為什麼有些事情在別人看來已相當滿意，但是在當事人看來卻並不滿意，甚至鬱鬱不樂。

一般來說，利於社會的價值觀比單純極端個人主義的價值觀獲得的快樂要多得多。建立適應社會進步，合乎人的心理健康、排除憂愁的心理模式，很重要的一個因素就是要順應社會的發展，適應社會道德和國家法律，建立正確的價值觀。

8.2　良好的個性特徵

人的個性是在生活環境以及主觀和客觀相互作用的條件下逐步形成的。人的個性是極其複雜的心理構成物。它有不同的面向，具有不同的特徵。

每一個人在情緒特徵方面都帶有個性特點，主要表現在情緒活動強度、穩定性、持續性和愉快度等方面，這稱為情緒的個性特徵。

(1) 情緒波動的強度。不同的人對同樣的事物的情緒活動不同。有人感受著很重的憂愁，有人則感受著輕微的憂愁，這就是情緒波動強度的個體差異。

(2) 情緒波動的穩定性。在相似的生活環境中，有人情緒比較穩定，有人情緒比較容易出現波動。

(3) 情緒波動的持續性。同樣情景下產生的情緒波動，有的人情緒波動持續時間比較長，對身心狀態、學習、工作和生活的影響也比較大。有的人情緒波動持續的時間比較短，對身心狀態、學習、工作和生活的影響也比較小。

(4) 主導心情。主導心情指的是心境在一個人身上的穩定表現。

所謂心情，是一種比較微弱但又持久並具有感染性的情緒狀態。人

的心情是各式各樣的，既有憂愁悲傷，也有喜悅愉快；既可能是萎靡不振，也可能是朝氣蓬勃。但心情的共同特點是：具有感染性，使人在較長時間內的社交活動帶著心境的情緒色彩。

培養青年正面的、樂觀的主導心情，對於消除憂慮，建立樂觀、愉快的情緒模式是非常必要的。人生就是奮鬥的過程，人生就是在克服困難中前進的。在克服困難的過程中，必然會伴隨不同的情緒反應。要逐漸培養青年用一種正面樂觀的態度對待困難，面對生活。在生活過程中，逐漸樹立正面、樂觀的主導心態。這對他們的身心健康、學習、生活品質的提高都大有益處。

8.3　正面的認知評價

由於認知評價不同，同一個人在不同時期對同個刺激也可能產生不同的心理與生理反應。

人的個性心理特徵與人對環境刺激的認知評價有很密切的關係。個性心理特徵開朗、堅定的人，較能適應環境刺激，生理心理反應適度；而性情憂鬱、孤僻的人，則易受環境刺激，引起負面的生理心理反應。

8.4　社會支持

人在受到壓力源作用時，可能會產生或多或少的模糊地帶，或對壓力源的看法不準確，而社會支持能促進受壓力源者比較正確地認知壓力源，能比較客觀地認知壓力源。

受壓力源者對壓力源的正確認知，能夠改變受壓力者的負面情緒，

如焦慮、不安、驚恐、悲觀等情緒反應，從而減輕壓力源對心理的負面作用，減輕心理壓力，減少生理反應。

社會支持對緩解驚恐反應有著關鍵的作用。一般來說，人患重病，心情大多是焦慮不安的。社會支持對於改變病人的焦慮情緒往往達到藥物等醫療措施達不到的作用。

人在強烈的壓力源作用下，常常感覺力不從心、無能為力、不知所措。在這種情況下，社會支持在動員和發揮受壓力源者生理上和心理上的能動因素，常會得到明顯的，甚至立竿見影的效果。

8.5　壓力源的質和量

類似自然環境的刺激、社會環境的刺激和自身環境的刺激等，凡能引起人的心理壓力、精神緊張的刺激稱為壓力源。

引起人緊張的壓力源有很多。從環境角度，即壓力源的來源角度劃分，可分為三類心理壓力源。

(1)自然環境和人工環境的壓力源。如今，颱風、地震、水災、旱災、天氣過熱和過冷、環境汙染、噪聲、住房擁擠等都已普遍成為心理壓力源。

(2)社會環境的壓力源。物價上漲、工作壓力、失業、生活壓力、人際關係緊張、夫妻關係不和、離婚、親友病故、恐怖事件等都已普遍成為社會壓力源。

(3)自身環境的壓力源。重病、疑心病、慢性疾病、藥物中毒、食物中毒、期待過高等都已普遍成為自身的壓力源。

壓力源是客觀存在的，是不以人們的意志為轉移的。但是壓力源引起的心理緊張程度是受人的認知評估制約的。為了減少壓力源對人的心理緊張的作用，建立良好的認知評估傾向至關重要。認知評估的傾向可分為兩種，一種是光明性的認知評估傾向，一種是黑暗性的認知評估傾向。具有光明性認知評估傾向的人，能夠正確對待和評估壓力源的作用，採取正確有效的應對方式去處理壓力源，以冷靜的、樂觀的、進取的態度去對待和處理生活事件，以減輕生活事件對心理的壓力，以及生活事件對身心健康的影響。

可以簡單地說，良好的心理模式，與正確的價值觀、良好情緒個性特徵、光明性的認知評估、高社會支持度和壓力源密切相關。換句話說，良好的情緒是隨著個人的正確的價值觀、良好情緒的個性特徵、光明性的認知評估、高社會支持度與壓力源的變化而變化的。同一個人在不同的環境中，會出現不同的心理情緒反應，不同的人在同個環境中，也可能會出現不同的心理情緒反應。

9 中醫對醫學心理學的貢獻

9.1 醫學心理學

醫學心理學是心理學的一個重要分支，它是把心理學的理論、方法與技術應用到醫療實務中的產物。醫學心理學是心理學與醫學的交叉，是醫學與心理學結合的邊緣學科。它既具有自然科學性質，又具有社會科學性質。醫學心理學研究的對象主要是醫學領域中的心理學問題，即研究心理因素在疾病病因、診斷、治療和預防中的作用。

人不僅是一個單純的生物有機體，也是一個有思想、有感情、從事著勞動、過著社會生活的社會成員。人的身體和心理的健康與疾病，不僅與自身的身體因素有關，也與人的心理活動和社會因素有密切相關。臨床實務和心理學研究證明，有害的心理因子也能引起人的身心疾病。與此相反，物質因素（例如藥物）能夠治療人的身心疾病，而良好的抗壓性與正面的心理狀態能夠促進人的身心健康，或作為身心疾病的治療手段。

醫學心理學不僅具有理論意義，而且具有重要的實踐意義。運用心理學的理論與方法探索心理因素對健康與疾病的作用方式、途徑與機制，可以更全面地闡明人類軀體疾病與心理疾病的本質，協助醫學揭示人類維護健康、戰勝疾病的規律，尋找診斷、治療、護理與預防人類疾病的更全面、更有效的方法，提高醫療水準，促進人的身心健康。

廣義的醫學心理學研究內容十分廣泛，分支也很複雜。醫學心理學分為下面幾個分支：

臨床心理學，又稱治療心理學，研究在醫療過程中有關診斷、治療、護理的心理問題，並且應用心理診斷和心理治療的理論與技術為臨床實務服務。

病理心理學，又稱變態心理學，研究病態的心理現象，包括人的認知活動、情感活動、意志活動和人格等方面的異常表現，探討病態心理的發生、發展的規律。

心身醫學，主要研究社會──心理因素引起的心身障礙，重點研究心身疾病的發病機制、治療和預防的問題。

神經心理學，研究高級神經活動機能與行為之間的相互關係和相互作用，採用神經心理學的測驗方法為測定和診斷腦的區域性病灶提供依據。

心理診斷學，使用各種心理測驗的方法，對人的知覺、記憶、思維、情緒、興趣、人格特徵進行鑑定，為疾病的診斷提供心理學依據。目前臨床上常用的是智力測驗與人格測驗。

心理治療，研究醫務人員如何透過思想情緒、語言與行為影響病人的心理，從而達到治療的目的。

心理衛生，又稱精神衛生，探討培養健全人格，提高心理健康程度，防止心理疾病的心理學問題。

9.2　心理因素的內容

心理因素包括心理過程與個性兩個方面。心理過程是由認知過程、情緒過程和意志過程構成的。個性包括個性傾向性與個性心理特徵。

認知過程包括感覺、知覺、記憶、思維與想像。感覺是人腦對客觀事物個別分類的反映。例如，當一個人在接觸外界時，透過眼、耳、鼻、舌、皮膚等器官反映外界事物的個別分類，如顏色、聲音、氣味等。感覺可以分為兩大類，一類是反映外界事物個別分類的感覺，例如視感覺、聽感覺、嗅感覺、味感覺、膚感覺等；另一類是反映人體自身各個部分的內在想像的感覺，例如運動感覺、平衡感覺、機體感覺等。知覺是人腦對客觀事物的分類的整體反映或關係反映。如人從顏色、氣味、形狀等認知一個蘋果的過程，就是知覺過程。

人腦對物體在空間內形狀、大小、遠近、深度和方位的反映稱為空間知覺。時間知覺是認知外界物體時間特性（延續、順序）的知覺。運動知覺是認知外界物體移動的知覺。記憶是能夠記住感知過或思考過的事物，並在它再次出現或重新呈現時依然認知的過程。現代心理學引用資訊理論的概念，認為記憶是資訊的輸入和加工、資訊的儲存以及在需要時提取和輸出的過程。思想是人的高級認知過程，它是人腦對客觀事物間接的與概括性的反映。想像是人腦透過加工過去感知過的形象所產生的一種新的形象。想像是人所特有的對客觀事物的一種反映形式。想像能夠衝破時間與空間的限制，做到「思接千載」、「視通萬里」。

人在認知客觀事物的時候，總帶有一定的心態，心理學把人們對客觀事物心態的感受稱為情緒。情緒雖然也是人對客觀現實的一種反映形式，是但它不同於認知過程。認知過程反映客觀現實本身，而情緒反映客觀現實與人的需求之間的關係。這種心態的感受可以分為兩類，即根據客觀事物是否符合主體的需求分為滿意與不滿意的情緒，或肯定與否定的情緒。狹義的情緒是指比較低階的、與機體的生物需求相關連的心態感受。廣義的情緒包括情感。情感是與高級的、社會的與行為的社會

評估相關連的心態感受，例如義務感、責任感等。一般說來，可把情感分為理智感、道德感、美感。心理因素對人的身心健康與疾病的影響主要是透過人的情緒發揮作用的。

意志是人自覺地確定某種目的並支配其行動以實現預定目標的心理過程。

意志行動的心理過程分為兩個相互連線階段：採取決定階段和執行決定階段。

個性傾向性指的是人在與客觀世界的相互作用中，形成的對事物的態度與趨向。一個人在生活過程中形成的需求、興趣、信念、理想與世界觀，反映出個性的傾向性。個性傾向性不僅對改造客觀世界有重要作用，而且對人的心理活動和身心健康也有很大的影響。需求是人對一定的客觀事物的需求。動機是激發人行動的主觀動因，是個體發動和維持行動的一種心理狀態。動機產生於需求。需求與動機對人的行為與身心健康有很大影響。興趣是人積極探索某種事物的認知傾向。理想是人與其奮鬥目標相連接的一種正向想像。信念是人從事活動的精神支柱，是人對事物確信的看法。信念的動搖與瓦解，可能會導致人的精神崩潰。世界觀是人對整個世界總的態度與看法，是人的個性與行為的最高調節者。信念與世界觀對人的身心健康有重要的調節作用。

個性心理特徵包括人的氣質、能力與個性等。氣質通常就是人們所說的性情、脾氣。心理學認為氣質是人典型的、穩定的心理特徵。心理學把人們能夠順利完成某種活動的心理特徵稱作能力。性格是人對客觀現實的穩固的態度以及與之相適應的習慣的行為方式。人的氣質與人的性格對人的健康與疾病也存在一定的影響。

9.3 中醫對醫學心理學的貢獻

9.3.1 中醫在心理致病方面的貢獻

中醫認為各式各樣的原因都可以引起疾病，更認為心理因素在疾病的發生中占有重要的地位。中醫中的七情（喜、怒、憂、思、悲、恐、驚）即是心理因素。它強調，七情失調即是七情過於波動或持續過久便可使陰陽失調、氣血不和、經絡阻塞、臟腑功能失調而患病。正如《素問・舉痛論》所指出：「情志變化能使氣機發生紊亂。即怒則氣上，喜則氣緩，悲則氣消，恐則氣下，驚則氣亂，思則氣結。」中醫還認為，心是五臟六腑的主宰，「心藏神」。所以，七情中任何情志失調都可傷心，而心傷則導致其他臟腑功能失調。《靈樞・口問篇》曾指出：「悲哀憂愁則心動，心動則五臟六腑皆搖。」這就充分說明心理因素的致病作用。

中醫認為七情內傷致病的觀點，對分析病情有著重要的意義。中醫還對多種疾病產生的原因做了具體分析，強調不良心理因素的刺激為致病的內因。如《靈樞・癲狂篇》指出：「狂者多食，善見鬼神，善笑而不發於外者，得之有所大喜。」這說明中醫早已認知到心理因素對精神病的致病作用。

中醫還認為心理因素與疾病有密切關係，認為氣血壅滯則痛。氣血的通暢或壅滯與人的精神有關，故有「心寂則痛微，心躁則痛甚」的論述。中醫對小兒的先天性癲癇與其母在懷胎時的精神因素有關的問題也早有論述。《素問・奇病論》指出：「在母腹中時，其母有所大驚，氣上而不下，精氣並居，故令子發為癲癇也。」

還指出，中醫不但認為外界環境的刺激可引起精神異常，還認為內臟氣血的病變也會導致精神異常。《素問・調經論》指出：「血有餘則怒，

不足則恐。」《靈樞·本神篇》指出：「肝氣虛則恐，實則怒」、「心氣虛則悲，實則笑不休。」中醫特別重視內因中的精神因素在腫瘤發病中的重要作用。《素問·通評虛實論》認為，食道癌是「膈塞閉絕，上下不通，則暴憂之疾也」。

《醫學正傳》認為，乳腺癌「多生於憂鬱積憤中年婦女」。

總之，中醫認為疾病的產生大多數和精神失調有著密切的關係，這為研究疾病的產生原因提供了重要的心理學依據。

9.3.2　中醫對心理診斷的論述

中醫診斷疾病的獨特方法是望、聞、問、切四診，為實施準確的治療方法提供確切的依據。精神因素在四診中占有重要的地位。

望診，是指醫務人員透過視覺觀察患者的神色、形態變化來分析病情。古人所說的神色，包括精神狀態和面部氣色方面。這對診斷疾病很重要。中醫對此有著深層的論述。《靈樞·平人絕谷篇》指出：「五臟安定，血脈和利，精神乃居。」這說明五臟之精是「神」產生的基礎，精全才能神旺。《素問·湯液醪醴論》指出：「精氣弛壞，營泣衛除，故神去之而病不癒也。」由此可見「失神」是五臟氣血虧虛的徵兆。形健則神旺，形衰則神憊。《內經》認為：五臟六腑之精氣，皆上注於目。所以，情緒安定、心胸開朗的人雙目必然神采內含，炯炯有神，氣色潤澤。這才稱得上「得神」。反之，如果病人的眼睛無精打采，目暗睛迷，則目失神。如果病人沉鬱、呆鈍，則多是精神病。煩躁不安多見熱病等。因此，臨床上根據病人的面部神色、語言、動作、行為等來作為望診的依據。

聞診，是指透過醫務人員的聽覺和嗅覺來診察病人的語言、呼吸、咳嗽、呻吟等聲音、氣味變化來推斷疾病。人的情緒與聲音變化有密切

關係，一般情況下，喜時發聲歡悅而散，怒時發音憤厲而急。長吁短嘆可能是情緒不舒暢所致。人的情緒變化又與五臟氣血的盈虧有直接關係，五臟有五志即五聲、五音、五臭，故五臟如果發生病變，聲、音、臭也隨即發生變化。如心痛氣動則為噫，神有餘則笑不休，神不足則悲，病氣在肝則多言。肺氣虛則恐懼而呻。脾氣虛則多慮低吟等。所以，中醫用聲音變化來辨證疾病也不是沒有科學根據的。

問診，在四診中是非常重要的環節。這是醫務人員透過病人的主訴來了解病人的發病經過及自覺症狀。問診的內容十分廣泛，包括病人的生活習慣、飲食起居、精神狀況、發病始末等。只有詳細查詢病情，才能洞悉事實，以便於診斷病因。《內經》認為：「凡欲診病者，必問飲食居處，暴樂暴苦，始樂後苦，皆傷精氣，精氣竭絕，形體毀沮。」所以，歡樂與痛苦都可損傷精神與身體。例如健忘，多為心腎不交、心氣不足、思慮傷脾等所致。憂鬱不舒多由情緒不遂、多思善慮所致。《素問‧徵四失論》指出：「診病不問其始，憂患飲食之失節，起居之過度，或傷於毒。不先言此，卒持寸口，何病能中。」所以，醫務人員問診時一定要耐心傾聽病人陳述病情，根據病人所述來分析病情，作出準確的判斷。

切診，是指醫務人員透過切脈與觸診來診斷疾病。中醫認為七情內傷所引起的內臟功能變化均會反映在脈象上。《醫學入門》中就記載了七情異常與脈象的變化。「喜則傷心脈必虛」，即喜氣緩，脈虛必散。「思傷脾脈拮据」，即思則氣凝，脈短而結。「憂傷肺脈必澀」，即憂則氣滯而脈沉。「怒氣傷肝脈定濡」，即怒則氣逆而脈濡。「恐傷於腎脈沉是」，即恐則氣下，怯而沉脈。

所以，我們可以透過切脈所得情況來判斷人體臟腑的功能情況，以辨別疾病的性質，結合望、聞、問三診作出診斷。

中醫還從脈象的變化來推測七情內傷及病症。《素問·大奇論》指出:「肝脈鶩暴,有所驚駭。」《醫學入門·肝脈診法》指出:「微弦膽驚」,即脈初微弦主膽腑受驚。「沉數鬱怒苦生瘡」,即沉數善鬱善怒,肝火妄動。多生瘡癤癰疽。

9.3.3 中醫對於心理因子在治療方面的貢獻

中醫非常重視心理因子在治療疾病中的特殊作用。《素問》指出:「精神不進,志意不治,病乃不癒。」也正如李中梓所說:「境緣不偶,營求求遂,深情牽掛,良藥難醫。」強調醫務人員在幫病人治病時,首先要從精神上開導他們,使患者樹立起戰勝疾病的信心。《黃帝內經·靈樞·師傳》就有記載:「人之情,莫不惡死而樂生,告之以其敗,語之以其善,導之以其所便,形之以其所占,開之以其所苦,雖有無道之人,惡有不聽者乎。」

中醫強調,要根據病人的不同心理狀態使用不同的治療方法。心理治療的形式主要有下面幾種:

說理開導式心理治療。其起源於《內經》,包括四個方向的內容。一是「告之以其敗」,意即讓病人認知疾病的危害,以便引起注意,認真對待疾病。二是「語之以其善」,即要求病人配合醫務人員,及時準確地治好病。三是「導之以其所便」,即告訴病人應該怎樣調養和採取什麼方法進行治療。四是「開之以其苦」,即醫務人員要想辦法消除病人的負面心理狀態。這種心理治療的方式就是強調醫務人員首先要從想法上開導患者,使其對疾病的危害有正確的認知,增強戰勝疾病的信心。

以情勝情的心理治療。這種心理治療起源於《素問·陰陽應像大論》,其強調「怒傷肝,悲勝怒」、「喜傷心,恐勝喜」、「思傷脾,怒勝思」、「憂

傷肺,喜勝憂」、「恐傷腎,思勝恐」。這充分說明中醫強調以情勝情的辨證論治方法。臨床實例也證明這種方法治療情緒疾病是很有效的。驚式心理治療。利用精神刺激使人體生理機能的失調得以治療。如《靈樞‧雜病篇》提出治療一般功能性胃食道逆流的方法:「噦,……大驚之,亦可已。」

這些治療方式為現代心理治療提供了豐富的經驗。中醫在治療疾病中還強調病人與醫務人員相配合,以及醫務人員的精神狀態與醫療作風對病人都有影響,這些對充分發揮醫務人員和病人的正向性有很重要的現實意義。

9.3.4　中醫對於心理因子與預防疾病方面的貢獻

《素問‧四氣調神大論》指出:「是故聖人不治已病,治未病,不治已亂,治未亂。」這是中醫的一個重要特點,即防患於未然,滅病於早發的預防思想。

在以預防為主的思想下,創造一套極為有效的養生方法。

養生的主要內容是調養精神狀態,以此增強人體的健康。養生精神強調要保持情緒穩定和精神愉快,防止過度的情緒變化。正如《素問‧上古天真論》所說:「恬憺虛無,真氣從之,精神內守,病安從來?」氣功就是中醫以調養形神為特色的一種方法。它的特點就是使病人在練功時有意識地摒除雜念,透過放鬆、調息和意守三個主要環節自我鍛鍊神經及內臟,達到袪病強身的目的。

中醫在疾病的預防中也非常重視生理衛生與心理衛生的結合。如認為產婦臨盆時的精神狀態與分娩的環境,以及接生人員的舉止言行都對產婦是否順利分娩有很大的影響。孫思邈在《千金方‧難產論》中指出:

「凡產婦第一不得匆匆忙怕」、「旁人極須穩審,皆不得預緩預急及憂悒,憂悒則難產」。《產婦心法》中也強調:「房中宜靜,不可喧鬧,旁人不可交頭接耳,免得產婦心疑。」這都充分說明了心理狀態在中醫的防病學中占有很重要的地位。中醫關於心理狀態在預防疾病中的作用的論述,為現代預防工作提供了豐富的經驗。

10 增強心理健康

10.1 健康的定義

人的健康包括身體健康與心理健康兩個方面。一個人身體與心理都健康才稱得上真正的健康。著名醫學家傅先生認為健康的含義包括以下四個因素：①身體各部位發育正常，功能健康，沒有疾病；②體質強壯，對疾病有高度的抵抗力，並能刻苦耐勞，擔負各種艱鉅繁重的任務，忍受各種自然環境的考驗；③精力充沛，能經常保持較高的效率；④意志堅定，情緒正常，精神愉快（這雖和思想修養有關，但身體是不是健康對它也有很大的影響）。聯合國世界衛生組織對健康的定義是，健康是指不但沒有身體疾患，而且有完整的生理、心理狀態和社會適應能力。

目前，無論是健康人、病人還是醫務人員，大多數在不同程度上都會忽視心理健康。這帶來了人的健康水準與醫療效果的負面影響。例如，在現實生活中，人們往往重視營養，而忽視飲食時心理因子所起的作用。人們注意身體的鍛鍊，而不重視心理的鍛鍊，甚至不知道什麼是心理健康以及如何鍛鍊。在臨床治療中，有些醫務人員在病因上，重視病毒、感染等因素，卻忽視疾病導致的心理因子的作用；在診斷上重視物理診斷，忽視心理診斷；在治療上重視藥物治療，忽視心理治療。其實，身體健康與心理健康是同等重要的。二者是相互連結、相互制約的。身心兩方面的健康是相輔相成的。

既然心理健康是人的健康不可分割的重要部份，那麼什麼是人的心

10 增強心理健康

理健康呢？

人的生理健康是有標準的，人的心理健康也是有標準的。不過，人的心理健康的標準遠遠不及人的生理健康的標準來的具體與客觀。

國外學者們對心理健康的標準作了一些論述。例如：「心理健康是指一種持續的心理情況，當事者在那種情況下能做良好適應，具有生命的活力，而能充分發展其身心的潛能；這乃是一種積極的豐富情況。不只是免於心理疾病而已。」格奧爾格·威廉·弗里德里希·黑格爾（Georg Wilhelm Friedrich Hegel）認為：「心理健康是指人們對於環境及相互間具有最高效率及快樂的適應情況。不僅是要有效率，也不僅是要能有滿足之感，或是能愉快地接受生活的規範，而是需要三者兼備。心理健康的人應能保持平靜的情緒、敏銳的智慧、適於社會環境的行為和愉快的氣質。」亞伯拉罕·馬斯洛（Abraham Maslow）認為，心理健康的人要具備以下特質：①對現實具有有效率的知覺；②具有自發而不流俗的思想；③既能悅納自身，也能悅納他人；④在環境中能保持獨立，欣賞寧靜；⑤注意哲學與道德的理論；⑥對於平常事務，甚至每天的例行工作，能經常保持興趣；⑦能與少數人建立深厚的感情，具有助人為樂的精神；⑧具有民主態度，創造性的觀念和幽默感；⑨能承受歡樂與受傷的感受。

人的心理健康包括以下七個方面：智力正常、情緒健康、意志健全、行為協調、人際關係適應、適度反應、心理狀態符合年齡。

了解與掌握心理健康的定義對於增強與維護人們的健康有很重要的意義。

人們掌握了健康的標準，以此為依據做心理健康的自我診斷，當發現自己的心理狀況某個或某幾個方面與心理健康標準有一定差距時，就

需要針對性地加強心理鍛鍊，以期達到心理健康水準。如果發現自己的心理狀態嚴重地偏離心理健康標準，就要及時求醫，以便早期診斷與治療。

10.2　心理健康的標準

10.2.1　心理健康的智力標準

通俗地說，智力就是人的腦筋靈不靈活。智力、智慧、智商，雖然用詞不同，但其含義都是指人的聰明才智。從心理學來看，智力指的是人的認知能力與活動能力所達到的程度。智力主要是由觀察能力、記憶能力、思考能力、想像能力與操作能力構成。

智力是人們正常生活、學習、工作的最基本的心理條件，智力是人們與自然環境和社會環境保持動態平衡的心理需求。因此，智力是衡量人的心理健康最重要的標準之一。

一般來說，根據人的智力發展程度，可把人的智力分為超常、一般、落後。智力超常與智力落後在人群中占少數，大多數人的智力是一般程度。智力超常指的是智力超出一般人的程度。智力超常可以分為兩類：一類是智力相對比較全面超常；另一類是特殊才能的超常，例如在數學、技術、外語、體育、音樂、繪畫……等特殊領域表現出超群出眾的才能。在智力超常人群中，前一類占的比例較小，後一類占的比例較大。智力超常與智力一般都屬於智力正常的範圍，都達到了心理健康智力標準的基本要求。換句話說，人群中的大多數人智力都符合心理健康的智力標準。智力落後屬於智力不正常的範圍，達不到心理健康的智力標準。智力落後在人群中雖然是少數現象，但由於他們心理不健康，會

對家庭與社會帶來很大的負擔。

國外心理學家通常用智力測驗來測量人的智力發展程度。一般來說，智商低於 60，屬於智力落後。在日常生活中，判斷智力是否正常最簡便的方法有兩個：一是與同年齡的大多數人智力發展程度相比較；二是能否基本適應生活、學習與工作。如果一個人智力發展程度比起同年齡大多數人落後得多，就應進一步診斷智力是否正常。同樣，如果一個人無法基本適應生活、學習與工作，也應進一步確認智力是否正常。

10.2.2 心理健康的情緒標準

(1)心理健康的情緒標準包括四個方面。

情緒是由相對應的原因引起的：歡樂的情緒是由愉快的事情引起的；悲哀的情緒是由不愉快事件或不幸的事情引起的；憤怒是由挫折引起的。一定的事物引起相應的情緒是情緒健康的標準之一。如果一個人受到挫折反而高興，受人尊敬反而憤怒，是情緒不健康的表現。

情緒的作用時間隨客觀情況變化而轉移：在一般情況下，引起情緒的因素消失之後，其情緒反應也會逐漸消失。例如：孩子偶爾不慎摔碎了一個碗，母親在事發當時可能會生氣，事情過後也就不生氣了。如果過了幾天都還在生氣，甚至長期生氣，這就是情緒不健全的表現。

情緒穩定：情緒穩定表示一個人的中樞神經系統活動處於相對平衡的狀態，反映了中樞神經系統活動的協調運轉。一個人的情緒經常不穩定、變幻莫測，是不健康的表現。

心情愉快：這是情緒健康的另一個重要象徵。愉快表示人的身心活動的和諧與滿意。愉快表示一個人的身心處於正向的健康狀態。一個人

經常情緒低落，總是愁眉苦臉、心情鬱悶，則可能是心理不健康的表現。人在生活的道路上難免遇到挫折或不幸，例如親友的病故，情緒悲哀，這當然是正常的情緒反應。

(2)培養良好的情緒。

愉快的、穩定的情緒是身心健康的重要心理條件。憂鬱的、不穩定的情緒在一定條件下可導致身心疾病。因此，培養良好的情緒對增強身心健康、防治疾病是很重要的。

要熱愛生活、熱愛工作：一個人對生活的意義有正確的認知，就會熱愛生活。往往情緒穩定，充滿樂觀主義精神。富有事業心、熱愛工作的人，在完成一件有意義的工作後，就會感受到滿足感與成功感。這種情感有益於身心健康。熱愛工作的人，具有強烈的上進心，能避免把精力消耗在生活瑣事上，因此精神生活充實，在遇到困難或挫折時，也會用正確的心態看待困難，積極克服困難；而那些對工作毫無興趣的人，整日患得患失，怨天尤人，情緒苦悶。

要正確處理人與人之間的關係：人與人之間的關係最易引起人的情緒變化。人與人之間關係友好，會引起愉快的情緒反應，使人心情舒暢，有利於身心健康。人與人之間關係緊張，會引起不滿意、不愉快的情緒反應，使人心情憂鬱不快，不利於身心健康。

要善於把心中的積鬱傾吐出來，使情緒獲得適當發洩的機會。如果心理上的衝突引起情緒變化，長期壓抑在心中，就可能引發神經系統的疾病。人在情緒苦悶的時候，找知心朋友談心，傾吐心中憂鬱，心情就會平靜些。

要善於控制自己的情緒。人的情緒是受人的意識和意志控制的。因

此，人要主動地控制自己的情緒，善於駕馭自己的情緒。任意放縱負面情緒滋長、經常發怒，將導致情緒失調，引起疾病。

要培養幽默感：幽默感是調劑人的情緒緊張、適應環境的有力工具。幽默感能緩解憤怒和不安情緒，放鬆身心。

積極鍛鍊體魄：人的情緒與人的身體健康有密切關係。一個人身體健康，往往表現為精力充沛、心情開朗。一個人長期疾病纏身，則容易引起憂鬱的心情。

中醫提出的「因病而致鬱」，就是對久病或重病而易產生憂鬱情緒的生動描述。因此，積極鍛鍊身體，適度安排生活，適當睡眠是情緒飽滿與安定的基礎。

10.2.3　心理健康的意志標準

(1)意志特質的內容。

意志是人在完成一種有目標的活動時，所做的選擇、決定與執行的心理過程。人在進行有目的的活動時，總會遇到一些困難，因此人的意志行動總是與克服困難相關。人的意志行動既表現在克服外部困難，如工作環境差、噪音干擾等；也表現在克服內部困難，如灰心、懶惰、情緒低落等。意志在人的生活、學習與工作中占有重要地位。因此，意志健全與否也成為衡量心理健康的標準。

人的意志特質是衡量意志是否健全的主要依據。人的意志特質包括意志的自覺性、果斷性、頑強性與自制力。

意志自覺性是人對自己的行為目的有著正確的認知，並能夠主動地支配自己的行為，以達到預期的目標。與意志自覺性相反的是盲目性。

若意志行動經常表現出盲目性，即為意志不健全的表現。

意志的果斷性指的是一個人善於明辨是非，適當而當機立斷地採取決定並執行決定。果斷性是以正確的認知和勇敢的行為為特徵。具有果斷性的人能夠全面地認知行動的目的及其達到目的所採取的手段，並且能清楚地預料到行動的後果。與果斷性相反的是優柔寡斷與草率決定。前者表現為患得患失，舉棋不定；後者表現為輕舉妄動，懶於思考。意志活動經常表現為優柔寡斷或草率決定，是意志不健全的表現。

意志堅持性是指一個人活動的持續度，即在執行決定時，堅持不懈，堅持到底，不達目的誓不罷休。如果經常在意志行動過程中遇到困難就半途而廢，這也是意志不健全的表現。

意志自制力是指一個人在意志行動中善於控制自己的情緒，制約自己的語言與行動。自制力主要表現在兩個方面：一方面表現在應該行動的時候，善於督促自己堅定地執行決定；另一方面表現為善於在行動中，抑制衝動行為，有效地克制自己。如果一個人經常無法控制自己、經常衝動，也是意志不健全的表現。

(2) 培養意志的方法。

為了使自己的心理健康，就要培養自己的意志。意志不是人生來就有的，而是在後天的生活環境中逐漸培養起來的。

要善於確定自己的目標。有了目標之後，要制定長期的奮鬥計劃與以及為實現長期奮鬥目標服務的短期具體行動。如果確定的目標是自己力所不及、不能實現的，就會喪失達到目標的信心，無法進行意志鍛鍊。

優良的意志特質是長期培養出來的，不是一朝一夕所能獲得的。因

此，鍛鍊意志要從小開始。在家庭教育與社會教育的作用下，逐步培養良好的意志特質。有心理學家追蹤研究從小培養意志的重要性，其研究對象是經過訓練、具有堅持性的幼兒和缺乏訓練、沒有堅持性的幼兒各100名。從幼兒期觀察到青年期的研究結果表明，前者當中有84人有主見、意志堅強，而後者當中僅有26人意志比較堅強，證明了從小培養意志的重要性。

要從小事著眼鍛鍊意志。馬克西姆·高爾基（Maxim Gorky）說：哪怕是對自己的一點小的克制，也會使人變得堅強起來。冰凍三尺，非一日之寒。一個人的堅強意志是在千百件小事的鍛鍊中逐步培養出來的。經常在小事上鍛鍊意志，才能在大事上承受得起困難的考驗。

10.2.4　心理健康的行為協調標準

人的行為是受意識支配的。因此，人的意識與行為是相符的。心理健康的行為協調表現在兩個方面：一方面是意識與行為、言行的一致；另一方面是在相同或類似情境下的行為表現是一致的。一個人經常言行一致，表裡如一，經常在相似的情境下做出類同的行為，就符合心理健康的行為協調標準。這樣的人，思想與行動是相符的、協調的，思維邏輯性強，說話有條理性，行動有條不紊，做起事來按部就班。

心理不健全的人，思維紛亂，思維時有矛盾，言行不一，經常說的與做的不一致，語言組成支離破碎，語無倫次，行為矛盾，做事虎頭蛇尾或三心二意，做事情毫無節奏章法可言。

思維靈活，行為敏捷是人的良好的心理特質，它與行為不協調是兩回事。

行為敏捷是受思維靈活所支配，思維靈活與行為敏捷是相襯的、協

調的。行為不協調反映了思維與行為的不一致，是思維與行為失調的表現。

一個人行為不協調不能由一兩件事的行為表現來判定，而要根據平時常做出的行為表現進行全面分析才能判定。

10.2.5 心理健康的人際關係心理適應標準

在社會生活中，人與人之間會形成各式各樣的關係。人際關係包含的範圍很廣，其中較為重要的是親子關係、夫妻關係、師生關係、同事關係、朋友關係、親屬關係、上下級關係、個人與集體關係……等。一個人能夠正確地對待與處理這些關係，就具有了正常的心理適應。如果時常無法正確對待與處理這些關係，即為人際關係的心理失調。

在現代社會中，人際關係的心理適應對人的身心健康的影響很大。人際關係心理適應使人產生安全感、舒適感與滿足感，使人情緒穩定，有益於身心健康。而人際關係心理失調的人，往往有一種莫名其妙的不安全感，心情憂鬱，影響身心健康。著名的醫學心理學家丁教授曾經指出：「人類的心理適應，最主要的就是對人際關係的適應。所以人類的心理病態，主要是由於人際關係的失調。」原始人的人際關係是非常單純的。他們的生存條件主要是依賴於身體的適應。所以在原始人中發現精神病是很少見的事。如今人際關係越來越複雜，人類的心理適應便不再像以前那樣單純了。人類的心理病態也因此成為需要注意的嚴重問題了。

當一個人對人際關係心理反應與之前比較有明顯變化，而且與一般人的心理反應又有很大的差距時，就應該注意，是否出現了人際關係的心理失調？當一個人漸漸遠離親友，喜歡一個人孤單地生活，可能意味著開始出現人際關係的心理失調。

10.2.6　心理健康的行為反應適度標準

行為反應適度是人的心理健康的一個象徵。人與人之間的行為反應是存在差異的。有人反應敏捷，有人反應遲緩。一個人在人生的不同階段，其反應也是存在差異的。但是反應敏捷與遲緩是有限度的。反應敏捷並不等於反應過敏。反應敏捷是正常的，反應過敏則是異常的。反應遲緩並不等於沒有反應。前者在一般情況下是正常的，後者則是異常的。

一個人行為反應經常表現出異常敏感與異常遲鈍時，屬於心理變態的範圍。

例如，一個人被蚊子咬了一下，就大喊大叫；聽見叩門的聲音，就嚇得心驚肉跳，這都屬於異常過敏的行為反應，是心理異常的一種表現。一個人常常對各種刺激都若無其事，對重大刺激都無動於衷，則屬於異常遲鈍的行為反應，也是心理異常的一種表現。

人的行為反應異常是有發展過程的，是由逐步偏離正常的行為反應發展而成的。因此，自己在日常生活與工作中，要留心觀察與體會自己的行為反應，如果發現行為反應有不適度的傾向，要及時查明原因，做出調整。

要注意分辨經常性行為反應異常與一時性行為反應異常。人在情緒激動、注意力高度集中、疲勞與生病的情況下，可能產生異常行為反應，這種異常行為反應是暫時性的；而當情緒恢復平靜、疲勞得到恢復、疾病痊癒後，異常行為反應也就自然消失了。

10.2.7　心理健康的心理特點符合年齡標準

在人的一生中，要經歷兒童、少年、青年、中年與老年各個年齡階段。在一定的社會環境下，人在不同年齡會表現出不同的心理特點。人的心理年齡特徵具有一定的穩定性。但是在不同歷史時期和社會條件下，乃至同時代同社會而具體生活條件不同的人，其心理特點也有所變化，存在著一定的差異。

兒童、少年、青年、中年與老年各有其對應年齡的心理特點。不同年齡的人，其一般心理特點與其年齡特點基本上相符合，這是心理健康的表現。例如，兒童天真活潑、青年人朝氣蓬勃、老年人沉著老練，是符合他們各自年齡階段的心理特點的。一個人的心理特點嚴重偏離自己所屬年齡，往往是心理不健康的表現。一個兒童少年老成，一個青年人老氣橫秋、老態龍鍾，一個老年人天真活潑，都是不符合其年齡特點的，是心理不健康的象徵。

一個人的心理特點是否符合其年齡心理特點，不能僅根據一件事的心理表現來判斷。情緒激動、心情不佳、疾病等都能影響心理活動，影響人的心理特點。例如，發高燒的兒童很難表現出天真活潑的特點，處於狂喜狀態的老年人，也會高興得手舞足蹈。在這種情況下，就不能認為他們的心理不健康。

11　心理衛生

11.1　心理衛生的理念與原則

　　人們平時對生理衛生很重視，但是很少重視心理衛生，甚至不少人還不知道什麼是心理衛生。不少人重視營養，可是不懂吃飯時的心理衛生，雖然吃的東西本身營養很豐富，但是由於心情不快樂，影響消化道系統，消化不好。有的人很重視睡眠，但是由於不懂睡眠的心理衛生，睡前常滑手機使情緒高漲難以入睡。

　　這些事例說明，不少人重視生理衛生，卻忽視了心理衛生。其實生理衛生與心理衛生是有密切關聯，同等重要的，二者相輔相成，缺一不可。

　　心理衛生也稱精神衛生，是研究關於保護與增強人的心理健康的心理學原則與方法的。心理衛生不僅能預防心理疾病的發生，而且可以培養人的性格、陶冶人的情操、促進人的心理健康。

　　心理衛生的內容是十分廣泛的。不同年齡階段有不同的心理特點，心理衛生的內容也不盡相同。人在不同年齡階段，各有一定的生理特點與心理特點，並且出現與之相關的心理問題。根據不同年齡階段的身心特點，有效地預防一些心理衝突的發生，及時解決一些心理問題是個體心理衛生的主要目標。不同的群體，如家庭、學校、工廠、部隊，生活條件與工作條件不同，心理衛生的內容也不相同。不同群體的心理衛生也很重要。例如，家庭的和睦、夫妻性生活的協調等都可以產生良好的

心理影響；同事關係的友好與團結，有助於人們的心理健康。

樹立正確的人生觀。從青年時代起，人的自我意識開始成熟，能夠自我評估、自我檢查與自我督促，並且能正確看待他人的行為。一個人樹立了正確的世界觀就能對社會、人生有正確的認知，就能適當地分析身邊發生的事情，保證心理反應的適度，防止心理反應的失常。

防止與克服心理衝突。主觀的要求與客觀的限制可引起強烈心理衝突或持續的心理衝突。在一定的條件下，能夠引起心理疾病。人在生活、學習與工作中，不可避免地會經常產生心理矛盾，但是要控制其強度不宜過猛，持續時間不要過長。有了心理衝突要設法好好解決，不能消極不處理它。

參加有益的集體活動。一個人如果經常與集體隔離，不與人交往，容易形成低落的情緒，往往心情憂鬱或孤芳自賞，影響心理健康。一個人經常參加有益的集體活動，進行正常而友好的交往，可使人消除憂愁、心胸寬廣、心情振奮、精神愉快。

要有自知之明。要了解自己的優點與缺點，了解自己的身體健康與心理健康的狀況。經常用心理健康的標準來衡量自己的行為，促進心理健康。做任何事都要根據自己的智力等情況量力而行，切不可設定經過努力卻無法達到的目標，否則容易遭受挫折，產生心理衝突，使情緒不安，影響心理健康。

此外，保持健康的身體、規律生活、戒掉不良嗜好、保持樂觀的情緒等都是心理衛生要遵循的原則。

11.2 完善心理衛生的方法

11.2.1 完善兒童心理衛生

兒童時期是身心發展最迅速、最重要的時期。兒童時期的身體發育、智力與性格發展對日後健康成長影響很大。兒童的健康心理對於鍛鍊兒童感知覺、記憶、思維、想像與操作能力的發展，提高學習效率、適應外界環境、預防身心疾病等都有十分重要的意義。

在兒童心理的發展、道德品性教育、兒童的遊戲與學習、兒童與父母的關係、兒童的營養、睡眠、疾病等方面都存在大量的心理衛生問題。要根據兒童生理與心理的發展特點，採用適當的教育方法，促進兒童身心健康發展。不良教育違背兒童身心發展規律，影響兒童健康成長。父母對兒童要求過高、過嚴，使兒童身心負擔過重，往往會欲速則不達。有的父母採用打罵、體罰等形式教育兒童，往往易致使兒童形成自卑、膽怯、畏縮、逃避等不良性格，或造成兒童說謊、反抗、逃學、離家等異常行為。父母對兒童溺愛、姑息縱容，易使兒童依賴、撒嬌、任性、缺乏自制力、適應能力差。父母對兒童忽冷忽熱，易使兒童情緒不穩，敏感多疑。

完善兒童的心理衛生，特別要做到以下幾件事情：

熱愛兒童：滿腔熱情，循循善誘教育兒童，使他們感到家庭、學校與社會的溫暖，形成愉快的心情與開朗的性格。當家長、教師與兒童之間有了深厚的感情，兒童就更容易接受大人的教育與指導，並將自己思想、感情的變化告訴大人，不至於把苦悶的情緒壓抑在心裡。

善於表揚與鼓勵：發現兒童的進步，要及時予以肯定與表揚，增強信心。對於兒童在各種行為中出現的缺點與錯誤，要講道理，耐心教

育，不能隨意指責、訓斥，甚至任意打罵。父母沒完沒了的責罵，易傷害兒童的自尊心，使兒童形成自卑、膽怯的心理。

支持兒童參加群體活動：鼓勵與支持兒童參加群體活動，增強群體感，陶冶情操，鍛鍊性格，防止孤獨、羞怯心理的產生。

從小培養兒童良好的道德感：家長與教師要教育孩子遵守紀律、有禮貌、助人為樂、熱愛群體等有道德的行為。身教勝於言教。家長與教師要以身作則，嚴於律己。

教育兒童安排好生活作息：家長與教師要根據兒童的實際情況，教導兒童安排好起床、吃飯、學習、遊戲、睡眠等作息時間，使兒童勞逸結合，以利身心健康。

11.2.2 青年人注意心理健康的方法

青年人在求學、就業、戀愛與家庭等問題上的心理反應，需要從心理衛生方面予以重視。

青年人觀察力比較發達，記憶力強，思維敏捷，想像力豐富，行動能力和求知欲強。但是由於種種原因，大多數的青年人無法進入高等學校繼續學習，這會使他們產生種種的心理反應，例如情緒低沉、心緒不安，甚至悲觀失望。

家庭、學校與社會了解到青年對待升學問題的心理反應，做好輔導，使他們情緒穩定下來，走自學成才的道路。

走上工作職位的青年人，由於剛進入社會，缺乏社會經驗，對工作、人際關係等方面的心理抗壓性較差，可能會引發心理矛盾，影響身心健康。有些暫未就業的青年人對個人前途焦慮不安，有的長期依賴家

庭，心情憂鬱、自暴自棄。因此，要及時解決這些心理問題，解除心理壓力。

青年夫婦家庭生活是否和諧對他們的生活、學習與身心健康都有很大影響，因此青年人努力提升家庭生活的心理衛生，將使婚姻更加幸福美滿、身心更加健康。夫妻心理相容是青年人提升家庭生活心理衛生的基本內容。觀點、信念與感情是否一致是決定心理相容的最基本的因素。有人曾經提出夫妻關係的「八互」，即互敬、互愛、互信、互勉、互幫、互讓、互諒、互慰。這是對愛情的心理相容的總結。青年夫妻要努力做到「八互」，使愛情更富有價值。

11.2.3　中年人注意心理衛生的方法

中年是人的一生中的全盛時期，在職業和創造工作方面是最有收穫的年齡層。生理機能與心理機能都較穩定，中年人的觀察力得到了較好的發展，記憶、思維與想像能力也發展到成熟階段。中年人創造心理的突出特點是處於人生創造的高峰期。但是現在很多中年人工作壓力大，經常處於緊張狀態。人的心理保持適當的緊張度，有利於增強心理效率，但是持續處於緊張的狀態，在某些狀況下會導致高級神經活動功能失調，記憶力下降、注意力分散、思維遲緩、工作效率降低，甚至出現頭昏、耳鳴、失眠等症狀。

很多中年人上有老、下有小，擔驚受怕父母疾病，操心牽掛子女升學與就業，使一些中年人情緒不安、心情憂鬱，這種負面情緒帶給中年人的身心健康一定程度的影響。

中年人心身疾病發病率開始增高是這個年齡的特點。現代心身醫學認為心理因素特別是情緒因素致病的機率更高。這類疾病被稱為心身

症，包括原發性高血壓、冠心病、支氣管哮喘、糖尿病等。近年來，特別是有些中年人健康狀況較差，這與這個年齡某些疾病發病率升高的特點也是有關係的。

因此重視中年人的心理健康、注意中年人的心理衛生，對於開發中年人的智力資源、增強中年人的創造力、保護中年人的身心健康具有極為重要的意義。中年人養成與增強健康心理可以從以下幾個方面入手：

情緒穩定而樂觀：情緒是對客觀事物（包括人）的一種對待方式，是人對客觀事物態度的感受。人非草木，喜怒哀樂人人有之。對於中年人來說健全的情緒生活，主要是情緒穩定而快樂。人的情緒都是由一定的原因引起的，中年人工作與生活環境複雜，如果一些瑣碎的小事都會引起不滿、憂鬱等的情緒反應，情緒總是波動很大，一定會影響心理健康與身體健康。為了培養穩定而樂觀的情緒，首先是樹立正確的人生觀。具有正確人生觀的人就能正確地認知與對待工作與生活中發生的問題，就能保證有適度的情緒反應。其次，要培養幽默感，幽默感能夠增加生活趣味，緩和與消除緊張情緒。最後，生活要有規律，這會使人的心理活動富有節奏感，維持穩定的情緒。

建立良好的人際關係：在現實生活中，每個人都與身邊的人存在著各種關係。中年人交往的範圍更廣泛，人際關係更複雜。在人際關係中，健全的心理適應是維護心理健康的重要條件。由於人與人之間的關係是不同的，因此需要不同的心理適應方法。在工作中，正向的心理適應使人心情舒暢、工作協調、工作效率高。在人際關係中，心理適應不健全，往往使人心情消沉，工作關係緊張，工作效率低。在家庭中，正向的心理適應，家庭友好和睦，使人獲得親切感與幸福感，生活充滿希望，有助於人的身心健康。在家庭生活中，心理不適應的中年人，往往

心情苦悶、心緒不安，甚至情緒暴躁，為一些小事大動肝火。中年人為了建立良好的人際關係，首先要了解自己，正確地認知自己。要了解自己的優點、缺點、長處以及能力、興趣、性格等。這是建立正向的心理適應的基礎。中年人對自己了解越充分，自我認知越切合實際，在與人交往中，就越能順利地處理好各種人際關係。否則，可能由於力所不及而失敗，引起緊張焦慮的情緒。其次，要了解他人。要了解與自己經常相處的人的特點，包括他的興趣愛好、工作習慣、生活習慣等，這樣與人相處會更融洽。否則，可能因情況不明，使關係緊張，產生心理壓力。還應注意積極參加有益的社會活動。

參加社會活動，不但可以與人建立友好的人際關係，還可以開闊眼界和增強心理上的安全感。

11.2.4 老年人注意心理衛生的方法

老年人的心理衛生內容很廣泛，尤其要注意以下幾個方面：

老年人工作的心理衛生：對待工作問題，老年人一方面不要過於有緊迫感，否則會形成精神壓力，使心理不平衡，影響身心健康；另一方面，不要自暴自棄、無所事事，否則會降低身體上和心理上的功能，加速衰老。

老年人飲食的心理衛生：老年人消化系統功能退化，因此要特別重視飲食時的心理衛生。老年人常因情緒不安、心情不佳引起腸胃功能失調。因此，老年人吃飯前後，應力求心情平靜與愉快，切忌帶有生氣、憂愁、寂悶等負面情緒。

老年人在吃飯時可有意識地利用心理上關於過去美味事物的想像、記憶與聯想，來喚起食欲，刺激消化系統功能。老年人逢年過節或碰上

愛吃的東西，切忌嘴饞，否則會加重消化系統的負擔，可能會引發消化系統的疾病。

老年人疾病的心理衛生：老年人往往體弱多病。據調查，60歲以上的退休工人患器質性疾病的人數約占50％，70歲以上的人數則高達65.9％。面對疾病，有些老年人會產生焦慮煩躁、憂心忡忡、悲觀失望的情緒，這種精神狀態無疑加速疾病的發展。因此，老年人正確對待疾病，是老年人心理衛生的一個重要內容。樂觀主義精神和堅強的意志是老年人對待疾病的心理衛生最重要的措施。老年人往往擔憂和懷疑自己的健康，同時又常常對檢查身體有精神負擔，擔心查出病來增加憂慮。其實，老年人掌握自己的健康情況，才能正確處理，採取適當的保健措施，消除恐懼心理。因此，定期檢查身體，不僅能在早期發現隱疾，及時治療疾病，而且能為老人帶來心理上的安全感。

老年人家庭關係的心理衛生：老年人由於疾病，心情不佳，常為一些小事在家裡發脾氣，造成家庭成員之間關係緊張。家庭關係緊張、不和睦又反向刺激老年人產生惡性的心理，誘發疾病或使病情加重。因此友好和睦的家庭關係對於老年人的心理健康十分重要。老年人與家庭成員心理相容，心理氣氛融洽，彼此之間心心相印，生活愉快，有益健康。

老年人退休生活的心理衛生：老年人退休後從習慣的在職生活轉換到不習慣的清閒生活，往往感到孤單寂寞或精神上無所適從。在這種變化中有些人會因難以適應，誘發疾病或加快衰老。因此，老年人退休後應參加力所能及的工作或社會活動，使精神生活充實。此外，業餘愛好例如養魚、種花等也可使精神有所寄託，忘記憂愁與煩惱。老年人對書法、音樂、繪畫等藝術愛好，能夠陶冶情操，使情緒平靜，有益於身心健康。

12　心理測驗 —— 高中生心理健康測評與成人心理健康測評

12.1　高中生心理健康量表

12.1.1　高中生心理健康量表的產生

　　筆者從1995年起，調查研究多所學校，再根據其研究結果，對其中30間高中學生進行心理健康量表的測試與編制。根據高中生目前的心理健康問題，編製成高中生心理健康量表，該量表是標準化的，可信度、有效度及檢驗度都達到了心理測驗的要求，並建立了年級與性別常模。該量表簡便易行。高中生完成這個量表的測試只需要10～15分鐘。

　　在老師或家長的陪同下，可對學生進行心理健康的測試。將測試的結果作為心理健康檔案儲存下來，是學生心理健康的重要資料。

　　現在，很多父母有經常幫孩子拍照的習慣，特別是孩子過生日時拍了很多照片，長期儲存。但是，很少或幾乎沒有哪位家長把孩子的心理健康測試結果做為檔案儲存下來。孩子的心理健康程度與孩子的生活歷程、孩子的生活品質都有很重要的關係。如果家長能把孩子的心理健康檔案長期儲存下來，它的意義和作用絕不亞於儲存孩子的照片。

　　筆者建議學校老師定期對學生進行心理健康測試，並把檔案儲存下來，根據心理健康的測試情況來分析學生的心理與行為表現，有針對性地做好照顧學生心理健康的工作。

　　學校和老師也要對學生的心理健康進行定期測試，及時了解學生的

心理健康狀況，採取有效的心理調節方法。掌握學生的心理健康狀況，也可以在某種程度上推測學生的學習狀況。如果學生的學習成績和學生的心理健康狀況相對應，這是理所當然的。如果學生的成績和學生的心理健康狀況極不相符，要從中分析找出原因，幫助學生，既能提高心理健康狀況又提高學習成績。

12.1.2　高中生心理健康量表的內容

表 12-1　學生心理健康量表

姓名		性別		年齡	
學校		年級		班級	

指導語：下面是有關你近來心理狀態的一些問題，請仔細閱讀每一個題目，然後根據自己的實際情況認真填寫。每一個題目沒有對錯之分，請儘快回答，不要在每道題目上過多思索。做完問卷之後，由你親自交給我們，我們為你絕對保密，不要有任何顧慮。

每個題目後面都有五個等級供你選擇。按照程度的高低分別利用 1、2、3、4、5 來表示。
注意：①每個題目後只能選一個等級，在相應的數字上畫圈；②每個題目都要回答。

序號	項目	無	輕度	中度	偏重	嚴重
1	我不喜歡參加學校的課外活動	1	2	3	4	5
2	我心情時好時壞	1	2	3	4	5
3	做作業必須反覆檢查	1	2	3	4	5
4	覺得人們對我不友好，不喜歡我	1	2	3	4	5
5	我覺得苦悶	1	2	3	4	5
6	我覺得緊張或容易緊張	1	2	3	4	5
7	我學習興趣時高時低	1	2	3	4	5

序號	項目	無	輕度	中度	偏重	嚴重
8	我對現在的學校生活感到不適應	1	2	3	4	5
9	我看不慣現在的社會風氣	1	2	3	4	5
10	為保證正確，做事必須做得很慢	1	2	3	4	5
11	我的想法總與別人不一樣	1	2	3	4	5
12	總擔心自己的衣服是否整齊	1	2	3	4	5
13	容易哭泣	1	2	3	4	5
14	我覺得前途沒有希望	1	2	3	4	5
15	我覺得坐立不安、心神不定	1	2	3	4	5
16	經常責怪自己	1	2	3	4	5
17	當別人看著我或與我辯論時，覺得不自在	1	2	3	4	5
18	覺得別人不理解我，不同情我	1	2	3	4	5
19	我常發脾氣，想控制但是控制不住	1	2	3	4	5
20	覺得別人想占我的便宜	1	2	3	4	5
21	大叫或摔東西	1	2	3	4	5
22	總在想一些不必要的事情	1	2	3	4	5
23	必須反覆洗手或反覆數數	1	2	3	4	5
24	總覺得有人在背後議論我	1	2	3	4	5
25	時常與人爭論、抬槓	1	2	3	4	5
26	我覺得大多數人都不能信任	1	2	3	4	5
27	我對做作業的熱情忽高忽低	1	2	3	4	5
28	同學考試成績比我高，我覺得難過	1	2	3	4	5
29	我不適應老師的教學方法	1	2	3	4	5
30	老師對我不公平	1	2	3	4	5

序號	項目	無	輕度	中度	偏重	嚴重
31	我感受到很重的學習負擔	1	2	3	4	5
32	我對同學忽冷忽熱	1	2	3	4	5
33	上課時，總擔心老師會對自己提問	1	2	3	4	5
34	我無緣無故地突然感到害怕	1	2	3	4	5
35	我對老師時而親近，時而疏遠	1	2	3	4	5
36	一聽到要考試，就覺得緊張	1	2	3	4	5
37	別的同學比我有錢，我覺得不舒服	1	2	3	4	5
38	我討厭做作業	1	2	3	4	5
39	家裡環境干擾我的學習	1	2	3	4	5
40	我討厭上學	1	2	3	4	5
41	我不喜歡班裡的風氣	1	2	3	4	5
42	父母對我不公平	1	2	3	4	5
43	覺得心裡煩躁	1	2	3	4	5
44	我常常無精打采，打不起精神來	1	2	3	4	5
45	我的感情容易受到別人傷害	1	2	3	4	5
46	覺得不踏實	1	2	3	4	5
47	別人對我的表現評價不恰當	1	2	3	4	5
48	明知擔心沒有用，但總是害怕考不好	1	2	3	4	5
49	總覺得別人跟我作對	1	2	3	4	5
50	我容易激動和煩惱	1	2	3	4	5
51	和異性在一起時，感到害羞不自在	1	2	3	4	5
52	有想傷害他人或打他人的衝動	1	2	3	4	5

序號	項目	無	輕度	中度	偏重	嚴重
53	我對父母時而親熱，時而冷淡	1	2	3	4	5
54	我對比我強的同學並不服氣	1	2	3	4	5
55	我討厭考試	1	2	3	4	5
56	心裡總覺得有事	1	2	3	4	5
57	經常有自殺的念頭	1	2	3	4	5
58	有想摔東西的衝動	1	2	3	4	5
59	要求別人十全十美	1	2	3	4	5
60	同學考試成績比我高，但是能力並不比我強	1	2	3	4	5

12.1.3 高中生心理健康量表的構成

高中生心理健康量表是由 60 個心理狀態問題組成的，每個問題的評分按照 5 個等級來評分。

包括無、輕度、中度、偏重與重度，並分別按照等級的程度用 1、2、3、4、5 來標示。

高中生心理健康量表由 60 個問句組成，又分為 10 個分量表。這 10 個分量表分別為強迫症狀、偏執、敵對、人際關係敏感、憂鬱、焦慮、學習壓力感、適應不良、情緒不穩定、心理不平衡。

60 個問題的分數加在一起除以 60，成為該量表的總均分，即從整體上評估受試者的心理健康狀況。下面我們把 10 個分量表各自包括的心理狀態問題說明如下。

(1) 強迫症狀。強迫症狀反映受試者做作業反覆檢查、總愛洗手、反覆想一些不必要的事情、總擔心自己的衣服穿得是否整齊、總擔心考試

考不好等心理狀況。強迫症狀分量表由該量表的第 3、10、12、22、23、48 項組成。

（2）偏執。偏執反映受試者覺得別人在背後議論自己、別人占自己的便宜、別人對自己的評價不適當、對多數人不信任、別人與自己作對等心理問題。偏執分量表由該量表的第 11、20、24、26、47、49 項組成。

（3）敵對。敵對反映受試者經常控制不住自己發脾氣，經常與他人爭論、容易激動、有摔東西的衝動等。敵對分量表由該量表的第 19、21、25、50、52、58 項組成。

（4）人際關係敏感與緊張。人際關係敏感與緊張反映受試者感到別人對自己不友好、感情容易受到傷害、對別人求全責備、和異性在一起感到不自在等心理問題。人際關係緊張。敏感分量表由該量表的第 4、17、18、45、51、59 項組成。

（5）憂鬱。憂鬱反映受試者感到苦悶，覺得前途無望、經常責備自己、無精打采等。憂鬱分量表由該量表的第 5、13、14、16、44、57 項組成。

（6）焦慮。焦慮反映受試者感到緊張、心神不定、心裡煩躁、心裡不踏實、總覺得心裡有事等。焦慮分量表由該量表的第 6、15、34、43、46、56 項組成。

（7）學習壓力感。學習壓力感反映受試者感到學習負擔重、上課怕老師提問、害怕考試、討厭做作業、不喜歡考試等。學習壓力感分量表由該量表的第 31、33、36、38、40、55 項組成。

（8）適應不良。適應不良反映受試者對學校生活不適應、看不慣社會風氣、不適應老師的教學方法、不適應家裡的學習環境等心理問題。適

應不良分量表由該量表的第 1、8、9、29、39、41 項組成。

(9) 情緒不穩定。情緒不穩定反映受試者情緒忽好忽壞、忽高忽低，學習興趣時高時低，對教師、同學、家長時而親近，時而疏遠等心理問題。情緒不穩定分量表由該量表的第 2、7、27、32、35、53 項組成。

(10) 心理不平衡。心理不平衡反映受試者覺得老師或家長對自己不公平，對比自己成績好的同學不服氣等心理問題。心理不平衡分量表由該量表的第 28、30、37、42、54、60 項組成。

12.1.4　評分方法

心理健康量表的 60 個問題的總得分除以 60，得出受試者心理健康的總平均分，表示受試者心理健康的整體狀況。

高中生心理健康量表分為 10 個分量表，每個分量表都是由 6 個問題組成的，將每個分量表 6 項得分之和除以 6，就是該分量表的平均分。

高中生心理健康量表採用五種程度計分法，即無為 1 分，輕度為 2 分，中度為 3 分，偏重為 4 分，重度為 5 分。

12.1.5　判斷心理健康的分數標準

為了簡便判斷心理健康的程度，根據大量測試高中生的結果，以 2 分為判斷心理健康是否存在問題的最低標準。

心理健康總均分如果低於 2 分，表示心理健康整體上是良好的，如果心理健康總均分超過 2 分，表示心理健康有著某些細微問題。

心理健康總均分在 2～2.99 分，表示心理健康整體上有著輕度問題。

心理健康總均分在 3～3.99 分，表示心理健康有著中等程度的問題。

心理健康總均分在 4～4.99 分，表示心理健康在整體上有著較嚴重的問題。

心理健康總均分在 5 分，表示心理健康有著嚴重的問題。

心理健康總均分是判斷心理是否健康的一個很重要的指標。但是，心理健康總均分沒有問題，不等於每一個分量表都沒有問題。因此，我們既要從均分上判定學生的心理健康狀況，也要從 10 個分量表具體判斷學生的心理健康狀況，把總均分判斷學生總體情況與分量表判斷學生具體的心理健康問題二者結合起來，才能全面又正確地判斷學生的心理健康程度。

12.1.6 處理心理健康問題

使用高中生心理健康量表測試後，總均分在 2 分以上者，表示學生心理健康整體上有些問題，最好找輔導室的老師諮詢，請他們輔導。如果學校沒有輔導室，在家長的帶領下到正規醫院找心理醫生診斷治療，或者到執業執照的身心診所諮詢。使用高中生心理量表測試後，一個或幾個分量表得分在 2～2.99 分，可先使用自我心理調適方法調適，很有可能症狀會逐步減輕和消失。如果自我心理調適超過一個月，症狀尚未得到緩解，最好去學校醫務室或醫院、心理諮商單位諮詢。

使用高中生心理健康量表測試後，得分在 3～3.99 分者，可以透過自我調適減輕症狀，如果調適超過一個月症狀尚未緩解，可以找學校心理諮商室或醫院、心理諮商單位諮詢。

使用高中生心理健康量表測試後，分量表得分超過 4 分者，可以進

行自我心理調適，一週後再用心理量表測試，其得分仍在 4 分以上的，建議到學校心理諮商室或醫院、諮詢單位諮詢。

要特別強調的是：人人都會存在心理健康問題，特別是輕度的心理健康問題。

因此，使用高中生心理健康量表測試後，某個分量表在 2～2.99 分，不必大驚小怪、過分緊張。輕度的心理健康問題常常會自行緩解，恢復正常。當然，發現輕度的心理健康問題，及時加以調節是有必要的。因此我們對出現輕度的心理健康問題既不要大驚小怪，也不要麻痺大意、麻木不仁。

12.2　社會大眾心理健康量表

12.2.1　心理健康量表的由來

目前在社會上使用的心理健康量表，大多使用精神症狀自評量表，簡稱 SCL－90。這是美國人編制的用來測試美國人的心理健康量表。使用該量表做測定尚有許多局限性。1996 年筆者開始編制與測試心理健康量表。現在呈現給讀者的心理健康量表已經是標準化，可信度與檢驗的有效程度都達到心理學測驗的標準，社會大眾使用該量表進行心理健康測試具有相當高的正確度。

12.2.2　心理健康量表的內容

表 12-2　民眾心理健康量表

姓名		性別		年齡	
籍貫		居住地		職業	

指導語：下面是有關您近十天內心理狀態的一些題目。請仔細閱讀每一個題目，然後根據自己的實際情況認真填寫，每個題目沒有對錯之分。請您盡快回答，不要在每個題目上過多思索。
每個題目後面都有五個等級供你選擇。按照程度的高低分別利用1、2、3、4、5來表示。
注意：①每個題目後只能選一個等級，在相應的數字上畫圈②每個題目都要回答。

序號	項目	無	輕度	中度	偏重	嚴重
1	我情緒忽高忽低	1	2	3	4	5
2	做什麼事情我都覺得很困難	1	2	3	4	5
3	我喜歡與人爭論、抬槓	1	2	3	4	5
4	我對許多事情心煩	1	2	3	4	5
5	遇到緊急的事情我手發抖	1	2	3	4	5
6	我害怕應付麻煩的事	1	2	3	4	5
7	我情緒低落	1	2	3	4	5
8	我覺得人們對我不公平	1	2	3	4	5
9	我覺得大多數人都不可信任	1	2	3	4	5
10	我覺得別人對我不友好	1	2	3	4	5
11	我不能控制自己發脾氣	1	2	3	4	5
12	我覺得前途沒有希望	1	2	3	4	5
13	我喜怒無常	1	2	3	4	5
14	我要求別人十全十美	1	2	3	4	5
15	我抱怨自己為什麼比不上別人	1	2	3	4	5
16	我覺得別人想占我的便宜	1	2	3	4	5

序號	項目	無	輕度	中度	偏重	嚴重
17	我覺得活得很累	1	2	3	4	5
18	看見房間雜亂無章，我就安不下心來	1	2	3	4	5
19	我著急時，嘴裡有味道	1	2	3	4	5
20	我感到將會有壞事發生	1	2	3	4	5
21	我覺得疲勞	1	2	3	4	5
22	我常為一些小事而心情不好	1	2	3	4	5
23	我不能容忍別人	1	2	3	4	5
24	別人有成績我會生氣	1	2	3	4	5
25	我的想法與別人不一樣	1	2	3	4	5
26	遇到挫折，我便灰心	1	2	3	4	5
27	我經常責備自己	1	2	3	4	5
28	我害怕別人注意我的缺點	1	2	3	4	5
29	我一緊張就頭痛	1	2	3	4	5
30	我有想打人或罵人的衝動	1	2	3	4	5
31	我覺得別人不理解我、不同情我	1	2	3	4	5
32	我固執己見	1	2	3	4	5
33	我對什麼事情都沒有興趣	1	2	3	4	5
34	我心裡焦躁	1	2	3	4	5
35	我在過人多、車多的十字路口時會不安	1	2	3	4	5
36	遇到緊急的事情我會想上廁所	1	2	3	4	5
37	我心情時好時壞	1	2	3	4	5
38	我對新事物不習慣	1	2	3	4	5
39	我覺得別人虧待我	1	2	3	4	5
40	我覺得很難與人相處	1	2	3	4	5
41	我有想摔東西的衝動	1	2	3	4	5

序號	項目	無	輕度	中度	偏重	嚴重
42	我覺得吃力不討好	1	2	3	4	5
43	總覺得別人在背後議論我	1	2	3	4	5
44	我愛揭露別人的缺點	1	2	3	4	5
45	我喜怒哀樂都表現在臉上	1	2	3	4	5
46	我緊張時睡不好	1	2	3	4	5
47	我無緣無故覺得緊張	1	2	3	4	5
48	遇到應該採取果斷行動時，我就猶豫不決	1	2	3	4	5
49	我與人相處，關係緊張	1	2	3	4	5
50	該做的事情做不完我不放心	1	2	3	4	5
51	我不分場合發洩我的不滿	1	2	3	4	5
52	我控制不住自己的情緒	1	2	3	4	5
53	當別人看我或議論我時，感到不自在	1	2	3	4	5
54	別人對我的成績評價不恰當	1	2	3	4	5
55	我覺得自己沒有什麼價值	1	2	3	4	5
56	總覺得別人在跟我作對	1	2	3	4	5
57	我情緒波動很大	1	2	3	4	5
58	我擔心別人看不起我	1	2	3	4	5
59	我感到憂愁	1	2	3	4	5
60	我心情緊張，胃就不舒服	1	2	3	4	5
61	在變化的情況下，我不能靈活處事	1	2	3	4	5
62	我覺得我的學習或工作的負擔很重	1	2	3	4	5
63	我對比我強的人不服氣	1	2	3	4	5
64	我不能接受別人意見	1	2	3	4	5
65	我對親朋好友忽冷忽熱	1	2	3	4	5
66	我覺得生活沒意思	1	2	3	4	5

序號	項目	無	輕度	中度	偏重	嚴重
67	我擔心自己有病	1	2	3	4	5
68	遇到緊急情況，我的心跳得很快	1	2	3	4	5
69	我與陌生人打交道時覺得為難	1	2	3	4	5
70	我心裡總覺得有事情	1	2	3	4	5
71	我在公共場合吃東西覺得不舒服	1	2	3	4	5
72	我的朋友比我有錢，我覺得不舒服	1	2	3	4	5
73	我做事想怎麼做就怎麼做	1	2	3	4	5
74	我難以完成工作任務或學業任務	1	2	3	4	5
75	緊張時我會流手汗	1	2	3	4	5
76	我常用刻薄的話刺激別人	1	2	3	4	5
77	我遇到雜亂環境，強烈噪音，不能承受	1	2	3	4	5
78	我容易激動	1	2	3	4	5
79	我的感情容易受到別人傷害	1	2	3	4	5
80	到一個新環境，我不能很快適應	1	2	3	4	5

12.2.3　心理健康量表的構成

　　筆者編制並標準化了的心理健康量表由80個問題組成。每個問題的評分都採用了5種等級評分制。

　　心理健康量表的80個問題的總得分除以80，可得出受試者心理健康的平均分數，表示受試者心理健康的整體情況。

　　心理健康量表分10個分量表。

(1)人際關係敏感與緊張。人際關係敏感與緊張反映受試者感到別人不理解自己、不能容忍別人、覺得別人不友好、要求別人十全十美等人際關係的心理敏感問題。人際關係敏感與緊張分量表由該量表的第10、14、23、31、49、53、71、79項構成。

(2)心理抗壓性差。心理抗壓性差反映受試者覺得活得很累、遇到挫折灰心失望、感到很難與人相處、該做的事情做不完不放心、難以完成工作任務或學習問題等心理健康問題。心理抗壓性差分量表由該量表的第2、17、26、40、50、62、74、77項構成。

(3)適應性差。適應性差反映受試者遇到新鮮事物不習慣、在變化的情況下不能靈活處事、對與陌生人打交道感到為難，對人、對事、對環境的不適應問題。適應性差分量表由該量表的第6、18、35、38、48、61、69、80項構成。

(4)心理不平衡。心理不平衡反映受試者對比自己強的人心裡不服氣、覺得別人對自己的成績評價不恰當、覺得別人虧待自己、因別人的好成績而生氣等心理健康問題。心理不平衡分量表由該量表的第8、15、24、39、42、54、63、72項構成。

(5)情緒失調。情緒失調反映受試者情緒時高時低、喜怒無常，情緒時好時壞、情緒不穩定，控制不了自己的情緒等心理健康問題。情緒失調分量表由該量表的第1、13、22、37、45、52、57、65項構成。

(6)焦慮。焦慮反映受試者對許多事情心煩、覺得有壞事情發生、心情焦躁不安、擔心別人看不起自己等心理問題。焦慮分量表由該量表的第4、20、28、34、47、58、67、70項構成。

(7)憂鬱。憂鬱反映受試者感到生活沒意思、對任何事不感興趣、對

前途不抱希望、情緒低落等心理健康問題。憂鬱分量表由該量表的第7、12、21、27、33、55、59、66項構成。

(8)敵對。敵對反映受試者喜歡與人爭論、不能控制脾氣、愛刺激別人、容易激動等心理問題。敵對分量表由該量表的第3、11、30、41、44、51、76、78項構成。

(9)偏執。偏執反映受試者固執己見、不容易接受別人的意見、總認為別人在背後議論自己、我行我素等心理問題。偏執分量表由該量表的第9、16、25、32、43、56、64、73項構成。

(10)軀體化。軀體化反映受試者心理緊張，特別是情緒緊張時身體產生不適或症狀。例如：手發抖、頭痛、睡不好、心跳加快、胃不舒服、尿多等心理問題。軀體化分量表是由該量表的第5、19、29、36、46、60、68、75項構成。

12.2.4 計分方法

心理健康量表分為總均分與10個分量表的平均分的兩種積分方法。

心理健康量表由80個問題組成，把80個問題的分數總和除以80即心理健康量表的均分，均分表示受試者心理健康整體情況。

心理健康量表分為10個分量表，即人際關係緊張與敏感、抗壓性差、適應性差、心理不平衡、情緒失調、焦慮、憂鬱、敵對、偏執、軀體化。每個分量表都由8個問題組成。因此，把每個分量表8個問題的得分總和除以8就是該分量表的平均分，表示受試者的得分在該量表的反映，表示受試者在該分量表中的心理健康情況。

12.2.5　心理健康量表測試的判斷

心理健康量表總均分在 1～1.99 分，表示受試者的心理健康正常；總均分在 2～2.99 分，表示受試者有著輕度的心理健康問題；總均分在 3～3.99 分表示受試者有著中度的心理健康問題；總均分在 4～4.99 分表示受試者有著較嚴重的心理健康問題；如果總均分是 5 分，表示受試者有著非常嚴重的心理健康問題。

心理健康量表的 10 個分量表的得分在 1～1.99 分，表示受試者在該分項的心理健康正常；在 2～2.99 分，表示受試者在該分項有著輕度的心理健康問題；在 3～3.99 分，表示受試者在該分項有著中度的心理健康問題；在 4～4.99 分，表示受試者在該分項有著較嚴重的心理健康問題；如果是 5 分表示受試者在該分項有著非常嚴重的心理健康問題。

12.2.6　應對方法

受試者的總均分在 2～2.99 分，表示有著輕度的心理健康問題。受試者可進行自我心理調節，一週後，再用心理健康量表複測，如果得分仍在 2～2.99 分，就應該到心理諮商單位做心理諮商，在心理醫生的指導下改善。

如果受試者的心理健康總分在 3～3.99 分或 4 分以上，就應該去心理諮商單位做心理諮商，尋求心理醫生幫助解決心理健康問題。

對於心理健康分量表的得分，若一個分量表或幾個分量表的得分在 2～2.99 分，受試者可先進行自我心理健康調適，兩週後，再用心理健康量表複測，如果得分仍在 2～2.99 分，就應該去心理健康諮詢單位進行心理諮商。

心理健康量表一個分量表或幾個分量表得分在 3 分以上，受試者先進行自我心理健康調適，一週後，再用心理健康量表複測，如果得分仍在 3～3.99 分，建議去心理諮商單位進行心理諮商。

心理健康量表測試，分量表一項或幾項得分在 4 分以上者，建議受試者到心理健康諮詢單位進行心理諮商，請求心理醫生給予幫助。

12.2.7 心理健康量表的用途

心理健康量表既可用於高中生，也可用於成人，具有普遍的使用價值。但是，此心理健康量表不適用於小學生。

心理健康量表可作為成年人自我診斷、自我進行心理調適的一種工具。只要使用者實事求是的填寫，一般來說，所獲得的結果大多是正確的，基本上可以反映受試者的心理健康狀況。受試者根據測試的結果採取相應的措施，增強和改進自己的心理健康狀況。建議使用者每三個月或每半年定期用心理健康量表測試一次，並且把每次測試的結果作為心理健康檔案儲存下來。

心理健康量表還可以在使用者感覺或意識到自己出現不耐煩、煩躁、焦慮不安等不良情緒時，及時測試，儘早發現自己可能有的心理健康問題，並採取洽當的方法，予以解決。

人非草木，孰能無情，人人都有七情六欲，人在生活過程中必然會遇到各式各樣的困難和挫折，這是不可避免的。在困難和挫折面前，人的心理行為發生變化，這也是理所當然的。問題是變化到什麼程度，要掌握好這個分寸，並且要及時地調整，使情緒恢復到正常水準。因此，心理健康測試時發現一些輕度的心理健康問題，不必著急，不必慌張。一般說來，這些輕微的心理健康問題都會自行得到解決，如果採用心理

調適的方法，會更快地得到解決。

　　這並不是說，不要重視心理健康的問題，而是要正確冷靜地看待。當然，如果心理健康有著較嚴重的問題，要高度重視及時解決。

　　心理健康量表既適用於個人，也適用於公司單位集中使用。

　　建議各個公司定期使用心理健康量表對全體員工進行心理健康測試，並將測試的結果通報給每一個員工，使他們了解自己心理健康狀態。公司可協助有著心理健康問題的員工去進行心理諮商。公司把心理健康測試的結果做成檔案儲存起來，定期分析部門員工存在的心理健康問題，從公司角度採取一些相應措施，減少員工心理健康問題。筆者在這裡特別強調的是，員工的心理健康水準和公德心水準、身體健康水準、勞動生產力等都有密切的關係。因此，應該把增強與提高員工的心理健康程度作為一件大事來處理，它必定會對提高員工的抗壓性、增強公司的公德心建設、提高公司的勞動生產力產生正面的影響。

Part3　創造心理學・人才學

13　創造心理學・人才學

13.1　創新、科學創造心理學、人才學的理念

13.1.1　創新的三要素結構

創新三要素是指創新人格、創新意識與創新能力。創新三要素是創新的基本內涵。三者是相互關聯、相互制約的一個整體。三者之間又是有區別的，並非完全一樣，各有各的內涵和延伸。

(1)創新人格。

創新人格指的是有求知欲、有好奇心、有質疑精神、有堅持精神、能堅持真理修正錯誤具有創新人格的人。首先，對事物要有好奇心。好奇心與求知欲在心理學領域屬於理智情感，情感分三種，包括理智感、美感、道德感。求知欲、好奇心與質疑精神都屬於理智感一類。人都具有好奇心，但是差別很大。

其實，好奇心、求知欲、質疑精神人人都有，但是由於各種社會歷史原因，很多人這方面的能力受到限制。比如說，教育就是老師說學生聽，老師寫學生抄，老師問學生答，在這樣的教學模式下，學生的好奇心等就受到無視甚至限制。我們應鼓勵孩子勇於和老師爭論和辯論。這是好事，是有見解的表現。在沒有充分說服對方之前應該允許學生保留不同意見，人的求知欲、好奇心、質疑精神才能得到保護和發展。

(2)創新意識。

創新意識就是對創新的需求和追求。有創新的需求和正確的創新動機，是創新發展的驅動力。實際上不少學生都有創新的意識，但是受到各種因素的限制，沒有得到應有的發展。要支持鼓勵學生發展創新意識，保護其中合理的部分。

創新意識需要繼續培養和引導。有些人創新意識不夠是因為缺乏經驗和指導，只要提點一下，馬上就會激發他的創新意識。筆者在招生面試中，告訴缺乏創新意識的同學一個妙招，馬上就引起他們的高度重視並立即付諸行動。成人要指導學生如何提高創新意識。

(3)創新能力。

創新能力是創新意識的代表性作用，是創新意識的出發點和終點。開發創新能力可以實現創新品質的效應。創新能力越高，創新品質程度越高。創新能力的產物各式各樣，包括新理論、新觀點、新技術、新產品等。創新能力水準高低，用成果的等級就可以鑑別出來。

創新能力也是培養出來的。在研究科學創造心理學多年後，筆者總結了創新能力培養的四種方法，最近又增加了一種方法。這個方法就簡單一些，只要經過訓練，效果甚至立竿見影。

這裡要說明一下，創新能力或者說擴散性思考評價包括三個方面。一是思維流暢性，比如「磚頭有什麼用途？」10秒之內答一個算1分，這是測定你思維流暢性方面的方法。二是創新能力的類別性與變通性，比如：「搭灶臺」、「砌牆」，在類別性上算1分，都是建築材料；「打老鼠」、「打壞人」、「打東西」，這樣算流暢性4分，類別性1分。三是創新性，還是剛才的例子，如果你說的磚頭的用途，別人都不知道，就只

有你知道，並且經過實驗證明確實有這種用途，那你的創新性就相當高了。

創新能力是一種綜合能力，筆者過去的研究證明，它主要包括創造性思維、創造性想像、記憶儲存性等，提高學生的創造性思維、創造性想像和記憶儲存也有助於提高學生的創新能力。

13.1.2 智力結構五大要素

智力是什麼？心理學家各有各的看法。筆者認為，智力是人的認知能力與行動能力所達到的水準，即一個人的認知能力越高，智力水準越高；一個人的行動能力越高，他的智力水準也越高。智力結構指的是智力的組成因素，就像房間是由窗戶、天花板、地板、門等組成的。心理學家對智力的看法也不盡相同，筆者認為智力結構包括五大要素，即觀察力、記憶力、思維力、想像力、實踐能力。

觀察力、記憶力、思維力、想像力屬於智力結構的認知部分，實踐能力屬於智力結構的實踐部分。這五種能力在智力中的地位和作用各不相同，但是相互作用、相互制約形成一個整體。觀察力相當於眼睛，可以把外界的資訊和內部的感受訊息收集起來。記憶力把觀察力獲得的訊息儲存起來備用。思維力是智力結構的核心和中樞，一個人智力程度高低，從認知部分來看，主要指思維力的水準，思維力是人區別於動物的根本心理特徵。當然，觀察力、記憶力、想像力也是很重要的，這些是相互連結且不能單獨存在的。

通俗地說，智力結構的認知部分是認知世界的能力，智力結構的實踐部分是人改造社會的能力。這兩種能力是相互制約的，並且不斷從低階水準向高級水準發展。

因此，要根據智力結構發展狀況揚長避短，充分發揮智力結構五大要素的優勢，為成才提供良好的智力基礎，同時還要努力克服智力結構五大要素的不足，力求得到進一步發展。有的學生可能思維力較好，卻有做事馬馬虎虎的問題，從智力結構五大要素來分析，主要是觀察能力有問題。

13.2 創造動力

13.2.1 情緒在創造中的作用

(1)情緒透過智力影響科學創造。

人的情緒與情感對人的觀察力、思維力、記憶力、想像力與操作能力的發揮都有一定的調節作用。

正向的情緒與情感能夠促進觀察力、記憶力、思維力、想像力與操作能力的發揮，從而提高創造的水準。而負面性情緒與情感則影響觀察力、記憶力、思維力、想像力與操作能力的發揮，從而降低了創造的水準。

人在正向的情緒與情感狀態中，能提高觀察的積極性與主動性，提高觀察的速度與準確性，減少觀察的疲勞性以及觀察的錯誤；易於記住事物的特點與性質，精力充沛，聯想豐富，有利於記憶力的提高；思維比較活躍，有助於提高人的思想程度；能夠激發人的想像力。，能提高思維的積極性、主動性與創造性，從而有利於創造；有利於提高操作的準確性與速度，提高操作效率。

總之，在人們的創造性活動中，人的正面情緒與情感能夠促進智力結構五大要素的作用，從而增強智力效應，促進創造性活動的成功。

(2)情緒狀態在創造中的作用。

根據情緒發生的強度與延續時間的長短,即外部表現,可以把情緒狀態分為心態、激動情緒與熱情三種。這三種情緒狀態對創造活動都有一定的影響。正面的情緒狀態能夠促進創造力的提高;而負面的情緒狀態會降低創造力的發揮,不利於創造活動。

在創造活動中,任何創造都是在一定的情緒狀態下進行的。創造者善於控制與調節自己的情緒,在一定意義上來講,就能提高創造的效果。

第一,心態是人在某一段時間內的一種比較微弱而持續的情緒狀態,它具有持續遷延的特點,使人的一些行為帶有一定的情緒色彩。「憂者見之而憂,喜者見之而喜」,這是對心態的描述,也說明心態有正面和負面之分。正面的心態使人在一段時間內心情愉快,對事物充滿興趣,精力充沛、情緒高漲、思維活躍、想像豐富、思維敏捷,充滿克服困難的信心,有助於提高創造的效果。負面的心態使人無精打采、心緒不寧、心情憂鬱,對事物缺乏興趣,觀察敏感性降低,思維不活躍,思路不通暢,想像貧乏,遇到困難心灰意冷,從而降低創造的效率。

第二,激動情緒是一種強烈的、迅速爆發而短暫的情緒狀態,並且伴有明顯的機體變化與外部表現。激動情緒通常是由生活中具有重大意義的事件引發的。憤怒、恐怖、絕望、狂喜等都屬於激動情緒狀態。激動情緒可分為正向激動情緒與負面激動情緒。正向激動情緒能夠鼓勵人們為正義、為真理而英勇鬥爭;負面性激動情緒常常會減弱人的理智感,降低自我控制能力,不能正確思考自己行為的意義和行為價值的後果。

在冷靜、理智和堅強意志的控制下,正向性激動情緒能夠激發為正

義、為真理、為人類而創造的意識與高漲的創造熱情。能充分地激發人的觀察力、記憶力、思維力、想像力、操作能力。充分發揮人的創造能力，增強克服困難的信心和決心，提高創造的速度與品質。激動情緒不僅對科學家、科學研究員的創造有重要的激勵作用，而且往往對文藝工作者的文藝創作更為重要。正向性激動情緒激發起文藝工作者極大的創作熱情，為創造提供了非常重要的契機。

負面性激動情緒可使創造者失去理智、產生衝動，抑制創造性思維、創造性想像，使情緒變化劇烈，難以冷靜。還容易造成人際關係的緊張和衝突，在一定程度上影響創造。應該說明的是，人的負面性激動情緒是可以減輕或克服的。創造者提高道德修養水準，增強意志力，善於控制情緒，對克服負面性激動情緒很有作用。創造者充分發揮正向性激動情緒的作用，有效地控制負面性激動情緒是創造成功的重要心理條件之一。

第三，熱情是強而有力、穩定而濃厚的情緒狀態。它雖不如心態廣闊，但是比心態強烈而濃厚；它雖不如激動情緒強烈，但是較激動情緒深厚而持久。

熱情能控制人的整個身心，影響人的思維和行動。熱情受人的世界觀、價值觀、信念、理想的制約。熱情是創造的重要心理推動力量，是創造得以成功的一個基本心理條件。熱情使創造者迷戀創造，把注意力集中在創造的目標上，能充分發揮智力因素的作用，提高創造的效率。

(3)理智感在創造中的作用。

理智感是人的一種高級情感，即社會性情感。它是為呼應人們的社會性需求而存在，並在教育與社會行動作用下形成的。高級情感帶有明

顯的社會性,並且被印上了深厚的社會與時代的烙印。

理智感是在智力活動中產生的,同時它又成為推動智力活動的心理力量。

理智感是人在智力活動中產生的情緒感受,好奇心、驚奇感、懷疑感與自信感等都是理智感的不同表現形式。

第一,在創造中,好奇心是一種在人的理智感方面的心理動力。好奇心能夠激發人的創造動機。伊凡・巴夫洛夫(Ivan Pavlov)對狗見到食物就流口水的現象充滿好奇心,使他產生了研究條件反射的念頭,促使他創立了高級神經活動生理學。

好奇心能提高創造者的觀察敏感性,使創造者在創造活動中及時發現問題,把握創造時機。缺乏好奇心的人,往往在創造面前視而不見、聽而不聞,喪失了創造的時機。

好奇心使人遇事喜歡追根溯源,對智力活動起到了促進和維持的作用;好奇心使創造者想像力豐富、思維活躍,創造思路更開闊。

好奇心是創造者產生意志頑強性的一種心理力量。好奇心使創造者在創造過程中遇到挫折時可以勇往直前,毫不動搖。

成功的創造者不僅具有強烈的好奇心,而且永不滿足。一個好奇心滿足了,新的好奇心又產生了,保持永不衰退的好奇心,才有可能在創造中碩果纍纍。

第二,驚奇感與好奇心是有密切關聯的,好奇心引出驚奇感。驚奇感使創造者提出問題,思索問題,因而啟動創造者的創造性思維與創造性想像。創造者培養自己的驚奇感,對捕捉創造題材,促進創造性思維與創造性想像的活躍度都有重要意義。

隨著年齡的增長，當人步入中老年時期，對事物的驚奇感往往會逐漸降低。

由於固定性思維方式的限制，中老年人往往用固定的眼光去看待事物，因而阻礙了驚奇感的出現。中老年創造者富有創造經驗，但不能固守經驗，不能被以往的經驗束縛了創造、束縛了驚奇感。中老年創造者特別要注意喚發自己的驚奇感，要善於在未知的領域探索。

第三，懷疑感也是人的一種理智感。懷疑感是打破舊觀念、舊傳統，建立新觀念、新學說的一種心理推動力量。創造者具有懷疑感，勇於質疑不符合客觀事實的舊觀念、舊學說，才能突破傳統觀念的束縛，推動創新發展。

懷疑感能夠增強創造者的獨立思維，激發創造者的想像力，促進創造者創新意識的發揮。學者普遍重視懷疑感在創造中的作用。明代學者陳獻章認為：「學貴有疑，小疑則小進，大疑則大進。疑者，覺悟之機也。一番覺悟，一番長進。」明代學者李贄認為：「學人不疑，是謂大病。唯其疑而屢破，故破疑即是悟。」李四光認為：「不懷疑不能見真理，所以我希望大家都取一種懷疑的態度，不要為已成的學說壓倒。」在創造中，提倡懷疑感，並不是提倡懷疑一切，而是提倡不僅不被不符合事實的傳統觀念和學說所束縛，而且勇於質疑、勇於挑戰。

在創造中提倡懷疑感，要堅持實踐是檢驗真理的唯一標準。創造者的懷疑是否正確，是透過實踐檢驗出來的。

第四，自信感是創造者處於良好創造狀態的理智感的條件。自信感使創造者可以強化創造需求與創造動機。自信感能調動創造者的智力因素，為實現創造的目標充分發揮智力效應。

自信感對創造者堅持自己的正確觀念與理論，勇於為維護真理而英勇打拚，有著非常重大的作用。著名經濟學家馬寅初提出的「新人口論」曾遭到錯誤的批判，但他堅信自己的理論是正確的。他單槍匹馬孤軍奮戰，絕不向謬誤投降。

　　自信感是建立在對事物規律認知的基礎上，產生的情感感受。因此，自信感絕不是自以為是、毫無根據的狂妄情緒。

　　(4) 道德感在創造中的作用。

　　道德感包括集體主義情感、事業心、責任感。

　　第一，集體主義情感使創造集體的成員為集體創造目標的實現付出關心與支持。這種心理相融的氣氛使創造集體建立最佳的團隊氛圍。

　　集體主義情感可以充分激發創造集體的智力效應。集體主義情感使創造成員對集體的創造目標產生認同感，使成員為了實現創造目標發揮創造優勢，同時相互協調、相互配合，促進集體的智力效應得到充分發揮，成員間同甘共苦，而且在取得科學研究成果後，大家也能以正確地心態看待榮譽。

　　第三，事業心表現為創造者對自己的創造活動充滿情和愛。事業心在創造中是最為重要的心理因素之一。古今中外，凡是作出重大貢獻的科學家都具有強烈的事業心。

　　強烈的事業心能夠充分提高創造者的智力因素，使創造者觀察力敏捷、思維活躍、想像力豐富。強烈的事業心使創造者專心致志，可以增強他們的創造敏感度、創新意識，使他們勇於衝破傳統觀念與理論的束縛，大膽實踐，勇於創新。

　　第四，責任感也稱責任心。責任心是人們對工作、對他人、對集

體、對社會所承擔的道德責任的情感。創造者的責任感是自己對創造本身所承擔的道德責任。

責任感也跟事業心一樣，是創造中最為重要的心理因素之一。創造的長期性、艱鉅性與嚴肅性決定了責任感在創造中的地位。

責任心強，在創造過程中忠於職守、認真負責，有助於提高觀察的準確性、記憶的準確性、思維的準確性與操作的準確性，從而提高創造的程度與內涵。

(5)美感在創造中的作用。

美感是人對自然界的事物、社會生活中的人物與事件，以及在文藝作品評價中所產生的情感感受。美感是一種高級情感。美感具有兩個特點，第一，美感是一種愉悅的情感感受；第二，美感是一種傾向性的情感感受。

美感能推動創造者進行創造。居禮夫人（Marie Curie）說：「科學的探索研究其本身就含有至美。」追求科學美，造福於人類，很多時候成為科學研究員科技創造的一種心理動力。

美感對觸發靈感有一定的作用，大自然的奇異美景會使人產生美感，使人觸景生情，並透過聯想與想像的機制獲得靈感。在審美過程中，創造者的移情作用是觸發靈感的重要心理機制。移情作用是聯想，特別是類比聯想與想像的心理過程。由於美感中的聯想與想像活動帶有濃厚的個人情緒色彩，個人的情感在聯想和想像活動中就容易得到充分的抒發，因此常常出現「情景交融」、「寄情於景」的現象。李商隱的「春蠶到死絲方盡，蠟炬成灰淚始乾」，陸游的「無意苦爭春，一任群芳妒」等都是典型的移情佳句。

移情作用就是把自己的主觀情感轉移到客觀對象上，使客觀對象具有人的心理特點與感情、意志、性格、行為等。人的心境與移情現象的內容有著密切的關係。具有良好心境的創造者產生的移情內容，有利於觸發創造性思維與創造性想像，有利於觸發靈感。

美感對陶冶創造者的情緒很有作用，可以使創造者的情緒穩定而愉快，有利於形成良好的心態。

美感能觸發人的創造動機。嚮往美的境界，有助於開拓人的思維境界、活躍思路。

美感有助於創造者發揮形象記憶與情緒記憶、開發形象思維與創造性想像、提高科學的鑑賞力。美感也能激發創造者的求知欲與好奇心，提高創造者的效率。

13.2.2　意志在創造中的作用

科學創造是探索未知，科學創造的長期性、艱鉅性、複雜性決定了科學研究員的意志在科技創造中的作用。

在科學創造的道路上，充滿了艱難險阻。科學研究員必須以堅韌不拔、百折不撓的堅強意志力去戰勝各式各樣的困難，才能有所發明和創造。

(1)意志在創造中的作用。意志是創造成功的先決的心理條件，意志對創造有著重要的激勵與前行作用。科學研究員把自己創造的目標指向社會、經濟、科技發展的需求，為人類造福。古今中外，凡是做出重大成就的科學家、藝術家都有遠大的志向。湯瑪斯·愛迪生（Thomas Ediso）說：「我的人生哲學是工作，我要解開大自然的奧祕，並以此為人類

造福。我們在世的短暫的一生中，我不知道還有什麼比這種服務更好的了。」

科學研究員意志越強大，就越能充分發揮他們的智力因素；越能充分地發揮他們智力因素作用，就越能促進他們發揮和運用自身的觀察力、記憶力、想像力和思維。

意志是創造成功的心理條件和起點。科學研究員有了遠大的志向，把自己的創造目標與國家的經濟、社會、科技、文化等的發展密切連結在一起，就能克服創造中遇到的種種問題和困難，才有可能達到奮鬥的目標，獲得創造的成功。

(2)意志自覺性在創造中的作用。意志的自覺性與認知程度有密切的關係。但是，意志自覺性不等於認知程度。

科學研究員的意志自覺性，對於創造有很大的作用。一般說來，在科學研究員的創造中，意志自覺性越高，科學研究成果的科學價值和社會價值可能就越高。

科學研究員的意志自覺性，有助於樹立明確的創造目標，從而更好地發揮智力因素的效應，使創造者把創造的注意力集中在創造目標上，充分發揮創造性思維與創造性想像，從而提高創造效果。

與意志自覺性相反的是受暗示性與獨斷性。易受暗示的科學研究員，盲目地隨從別人的意見，缺乏思維的判斷性，缺乏獨立思考，對自己的行動缺乏信心。獨斷性是不顧主客觀條件，一意孤行，在行動上表現為盲動傾向，無疑也影響創造的水準與創造的效率。

科學研究員，特別是青年科學研究員要提高科技創造意志的自覺性，防止和克服受暗示性和獨斷性。

(3)意志果斷性在創造中的作用。意志果斷性是以正確性認知和勇敢為特點的。果斷性是以深思熟慮與適時為前提條件。在科學創造中，果斷性使人能夠全面地、周密地認知創造行動的目的及其採取的創造手段。人們清楚地預料創造行動的後果，並在這樣的條件下當機立斷，抓住時機，適時地選擇與確定研究課題，就有可能在科學創造的競爭中取勝。

在決定創造的活動中，要把握各個關鍵時刻，切忌輕舉妄動、草率決定。

在科學創造中時間就是價值，每一項科學研究，誰搶先取得了創造性成果，誰就是這個研究領域的領先者。在某項科學研究管理中，曾有憑一時衝動盲目地決定客體上馬、下馬，使科學研究工作蒙受重大損失的例子。這與決策者缺乏正確認知與判斷有密切的關係。

在科學創造中，研究課題的選擇，對創造成功有策略性意義。研究課題選擇得好，就可望取得重要的研究成果；反之，則往往事倍功半，甚至一無所獲。

(4)意志頑強性在創造中的作用。意志頑強性包括充沛的精力和堅忍的毅力。精力指的是一個人表現出的活力，毅力指的是一個人行為的持續度，不僅表現為堅強的決心，而且更重要的是還有頑強奮鬥的心態。

有的人雖然能勇於克服困難，但是遇到挫折時間稍久，就半途而廢。這說明其缺乏持久奮鬥的毅力。有的人雖然能持久地克服困難，但是懶散拖延。意志頑強的人，在執行決定過程中，不僅能夠有效率地工作，而且能夠堅持奮鬥。

意志頑強性是創造者進行創造最重要的意志心態。它不僅是推動創

造者實現創造目標心理上的維持力量，而且是實現創造目標心理上的保障力量。在科學征途上需要跋山涉水、披荊斬棘。科學創造的豐碩成果是科學研究員長期頑強奮鬥的產物。

意志頑強性是提高創造效率的一個心理條件。充沛的精力可以使科學研究員處在良好的創造狀態中，充分發揮智力因素，提高創造效率。沒有科學研究效率，就沒有科技競爭，科技競爭就是搶時間、爭效率。從這個意義上可以說，效率是科技競爭的生命。有的科學研究員，雖然能堅持不懈地工作，但是精力不充沛，科學研究效率很低，很難在競爭中取勝。

意志頑強性是創造者戰勝挫折與失敗的心理保障。科學創造探索的是未知領域，是沒有現成道路可走的，是在探索中前進的。在科學創造中，挫折與失敗是經常發生的，具有意志頑強性的科學研究員能在挫折與失敗中繼續前進。

13.2.3 興趣在創造中的作用

興趣是人對事物的特殊認知傾向。這種認知傾向的特殊性，使認知的主體總是帶有滿意的情緒色彩和嚮往的心情，主動積極地去認知事物。

有興趣就會特別注意和迷戀科學創造。對科學創造感興趣的人，在談話中常常把話題轉到這方面來，所謂三句話不離本行。科學研究員對科技創造有興趣，就會使他們嚮往科學創造，並在其中獲得心理上的滿足和情感上的快樂。查爾斯·達爾文 (Charles Darwin) 說：「熱衷於一切我所認為有趣的事物，且以了解任何問題與事件為最大的滿足。」歐尼斯特·拉塞福 (Ernest Rutherford) 說：「我認為沒有再比在幾乎是未經勘

探的原子核世界裡的漫遊更令人神往了。」

有位著名的教授經常在實驗室裡連續幾天幾夜地工作。有人問他苦不苦，他總是這樣回答：「一點也不苦。正相反，我覺得很快樂，因為我有興趣，我急於要探索物質世界的祕密。任何科學研究，最重要的是對自己從事的工作有沒有興趣。」教授的話說明了興趣在科學創造中的重要性。

興趣是在生活過程中逐步形成和發展的。有位著名的數學家的高中老師講述克里斯蒂安・哥德巴赫（Christian Goldbach）猜想的故事時說：「科學的皇后是數學，數學的皇冠是數論，哥德巴赫猜想是皇冠上的明珠。」這番話使這位數學家對學習數學產生了濃厚興趣。

（1）興趣廣度在創造中的作用。興趣廣度指的是興趣範圍的大小。有人興趣廣泛，有人興趣狹窄。興趣廣泛在科技創造中有重要作用。科技興趣廣泛的人，眼界開闊，能夠獲得廣博的知識和廣泛的創造資訊，使他們思維活躍，想像豐富，為科技創造的成功提供重要的心理條件。

當今社會飛速發展，更加需要通才。通才的心理特點就是興趣廣泛，具有淵博的知識、豐富的經驗與廣闊的思維，有可能在幾個科技領域有所發明創造，也有可能在社會實踐提出的問題方面有所建樹，能廣泛地適應社會發展的需求。

現代科學技術的發展日新月異，其重要特點之一是高度的綜合性，因此，它要求科學研究員有廣泛的興趣。科學研究員，特別是青年科學研究員要從多方面培養自己的學術興趣，以適應現代科學技術的創造需求。

（2）興趣中心在創造中的作用。興趣中心指的是在廣泛興趣的基礎上，要有一個中心興趣，即對某方面的興趣要專精、要深度了解。

科學研究員對某方面有較深的興趣，促使他對某方面知識的熱烈追求、深入探索，獲得某方面的精深知識，發展某方面的特殊才能。興趣深度能夠促進思維深度的發展、促進創造性想像強度的發展，為在某方面做出創造性高水準的成果提供新的條件。

古今中外，很多傑出科學家既有廣泛的興趣，又有中心興趣。不僅使他們成為通才，在科學上作出多方面的貢獻，也使他們成為專才，在某個科技領域作出傑出的貢獻。

興趣廣泛，並不意味著樣樣通。不少科學研究員都把廣泛的興趣與中心興趣相結合，使他們不僅在科技創造方面有著多方面的成績，而且對某領域的研究也有突出的貢獻。

(3) 興趣穩定性在創造中的作用。興趣穩定性指的是興趣持續的時間。科學研究員的世界觀和價值觀在相當程度上決定興趣的穩定性。興趣變幻無常的人很難在事業上有所成就。對科技創造作出重大貢獻的創造者的共同的心理特徵之一，就是他們對科學創造的興趣的穩定性。

科學創造往往成為科學家的終身興趣。因此，儘管有些科學家在晚年疾病纏身，但是仍然孜孜不倦地從事科學研究，並且取得了重要的科學研究成果，再創輝煌。

(4) 興趣效能在創造中的作用。興趣效能指的是興趣對人的實踐活動的作用。推動科學研究員勇於探索、堅持不懈、為實現創造目標而奮鬥，是興趣效能的表現。

有的人的興趣只停留在期望和等待狀態，不做實際的探索，這種興趣缺乏推動力量，對創造成功沒有實質的作用。

13.2.4 個性在創造中的作用

個性包括兩個方面，一是個性活動的傾向性，包括動機、理想、信念；二是個性特徵，如氣質、性格等。人的個性是在先天生理結構的基礎上，在後天環境與教育的影響下逐步形成的。人的個性是受一定的社會歷史條件和所處的社會歷史地位制約的。

人的個性具有穩定性的特點，但是個性也不是不可改變的。人的個性在人的創造中具有重要的作用。

(1) 創造動機在創造中的作用。創造動機指的是進行創造活動的原因，是發動和維持創造性活動的心理傾向。創造動機在科技創造中的作用表現在三個方面：一是始動功能，即科技創造動機引發科技創造性活動；二是指向功能，使科學研究員創造性活動沿著創造目標前進；三是調解功能，使科學研究員在創造活動順利進行時，可以持續增強創造活動，而當創造活動遇到挫折時，可以維持創造活動。

創造動機的強度，對創造活動的喚起、維持與調節有相當大的作用。創造動機強、喚起科技創造活動的心理力量強、維持創造活動的心理能量充足，對創造活動調節作用大。

科學研究員的創造動機是受世界觀、價值觀制約的。價值觀反映一個人對客觀事物的是非的重要性評價。有一位有名的科學研究員曾說過：「人總是要死的，衡量一個人的一生，要看他是否最大限度地促進了社會的前進。……我覺得應該在有生之年，盡量為社會多做一些事。」在這種崇高的價值觀指引下，他在癌症的威脅下仍然堅持科技創造。

(2) 創造膽識在創造中的作用。膽識是一種人格特徵，在創造中具有重要作用。

第一，洞察科技發展趨勢。科學研究員具有創造的膽識，就能高瞻遠矚，看準科技發展的方向，才有可能進入科技發展的前沿。一個學科領頭人，一個重大研究課題組織者的創造膽識和水準，對科技創造的方向與科技創造的速度都有很大的制約作用。科學創造膽識高、科學研究方向正確，就能較快地取得科學研究成果。

很多科學家重視創造膽識在科學創造中的作用。有人指出：「做科學研究工作，不僅要知道已有的先進科學方法，更重要的是了解哪些是科學研究重點。而在這些重點中，哪些是他人還不清楚的。向還沒有開闢的領域進軍，才能創造新天地。」

第二，抓住科技創造中具體的、有重要意義的課題。正確地選擇科學研究課題，起步準確，就有希望達到創造的目標。創造膽識程度高的科學研究員，能夠大膽地抓住具體的研究課題，果斷地創造。

(3) 追求真理的性格在創造中的作用。追求真理的性格，是人對客觀世界表現出的一種性格特徵。科學創造的目的是探索未知，科學創造本身就要求科學研究員具有追求真理、堅持真理、熱愛真理、維護真理的優秀性格。

追求真理的性格，能使科學研究員勇於懷疑舊觀點、舊學說；勇於向名人、權威挑戰。追求真理的性格，能激發科技創造者的創新意識。有人說得好：「凡遇到新現象、新學說，切不可被它所支配，被它所奴隸。我們還要分析它，看它究竟是怎麼一回事。既到學術場中，只管心細膽大，即使是那種天經地義的學說都不能嚇倒我們。」

追求真理的性格，能充分調動創造者的智力水準。科學研究員為了追求真理，創造的注意力能夠得到充分的調動，創造性思維、創造性想像力十分活躍，有些科技創造者甚至進入忘我狀態。著名數學家走路都

在思索數學問題，全部的注意力都集中在創造之中。科學研究員為追求真理進入忘我的創作狀態，就能最大限度地發揮創造力的效應。

(4) 自我批判的性格特質在創造中的作用。自我批判性格特質，是人對自己的一種態度，是一種性格特徵。自我批判的性格特徵在科技創造中有重要作用。自我批判的性格特質能夠提高創造者思維的批判性與精準性，使創造者及時糾正自己的創造性思維。正如：「獨立思考，進行複雜的創造完全不犯錯誤是不可能的。不怕犯錯，只怕知道錯而不改。唯有自我批判、開展討論，才能改正錯誤。」

創造者自我批判性格特質，對科技創造水準有一定的制約作用。古今中外的傑出科學家大多數都勇於自我批判、公開承認自己的失誤和錯誤，從而有利於提高創造的水準。阿爾伯特‧愛因斯坦（Albert Einstein）是舉世公認的傑出科學家，但是他非常勇於自我批判，勇於坦率地改正自己的錯誤論斷與錯誤觀念。

自我批判的性格特質，能使創造者正確地評價自己，激發永不滿足的求知欲與上進心，不斷地激發創新意識，不停地進行創造。在科學創造上越是作出重大貢獻的科學家，越能發現自己的不足；越是追求新的創造，越是謙虛謹慎。

13.3　人才成長

人的特質、社會歷史條件、教育與人的主觀能動性的發揮是人成才的四大要素。這裡說的特質是人生來具有的生理特點。一般來說，人生來具有的特質，差別雖然不是很大，但是也有細微的差別。只有兩類人差別比較大，一類是智力有缺陷的人，這類人通常不僅智力低下，而且

身體的機能，特別是大腦的結構和機能都非常差，成才甚至成長都很困難，一般來說，活不到青年期。另一種人就是生來具有與常人有異的生理特點。例如，籃球員的個子就非常高，身高能幫助他們成為世界籃球名將；腿很長的人、上肢比例很大的人為成為舞蹈演員提供了基礎；嗓子好的人在同樣條件下經過訓練，會比嗓子一般的人更容易成為歌唱家。在選拔特殊人才的時候，要注意與生俱來的某些生理特點。一般說來，人的生理特點為人的成長成才提供了身體的基礎。

社會歷史條件對人才的成長和成才也有重大的作用。社會發展不同階段，社會發展水準、經濟發展水準、文化發展水準、科技發展水準對人的成長和成才有著制約作用。諸葛亮被視為智力過人的代表人物，但是諸葛亮的聰明才智如果放在今日這個時代，可能會獲得更大的發展。在同個社會制度下，不同經濟發展階段，人的成才成長也受到極大制約。

不同發展階段的社會條件不同，對人的成長也有重要的影響。所以發展經濟、發展文化、發展科學技術，以創新驅動為動力，將是人類的成長和發展非常重要的社會條件。因此，社會歷史條件是人成長成才的制約條件，它制約人的成長、成才的速度、水準。古代計算用算盤，算盤在當時也算是重大發明，現在看來卻是很落後的計算方式。筆者剛從大學畢業時，計算基本上用的是算盤，1963 年有了計算機，相比算盤進步很大。到了 1980 年代，有些人從國外帶回計算機，運算速度更快，而現在的電腦和算盤時代大不一樣。這就是社會歷史條件對人的成長發展成就產生重大影響的案例。

教育是關鍵。諾貝爾獎的很多得主都出自名校。現代人們上名校大學是億萬家長和學生的願望，因為名校不僅有良好的、現代化的教學條

件和設備，還有大師、靈魂的工程師在塑造和引導學生成長。當然，在塑造世界一流大學的同時，也要兼顧普通大學的發展，要均衡教育資源，使人人享有優質教育資源的機會。

人的刻苦努力在人才發展中有決定性作用。同樣兩個人，與生俱來的特質大致相同，也生活在同個時期和環境，但是兩個人的成長和成才大不一樣，就是因為人的主觀能動性在發揮作用。過去有一句名言：「天才就是勤奮」，沒有勤奮、沒有刻苦、沒有付出和汗水就沒有果實。在某種意義上講，努力和成才成就成正比，但是這句話有很大的局限性。天才應該是勤奮＋創新。天才往往在同個歷史條件下，他的創新水準遠遠高於一般人，因此，他的成就便會高於一般人。沒有勤奮不可能成為天才，只有勤奮也不行，只有兩者兼具才能成為天才。發揮主觀能動性、刻苦、創新缺一不可。

13.3.1 揚長避短，處處有人才

人才成長是一個非常複雜的過程，有諸多條件在發揮作用，還會相互影響。現代社會發展需要各式各樣的人才，包括政治家、經濟學家、科學家、藝術家、軍事家等。各種人才成長都有自己特殊的規律，但是有一個共同點，就是揚長避短，處處有人才。

每個人的家庭背景、受教育情況、社會成長條件不盡相同，生理心理特點也不同，就人的心理特點而言，人的認知過程、意志過程、情感過程、個性都不盡相同。但是不要把成才看得艱難甚至難以實現，也不要看得很容易，不付出勞動、不創新就能成為人才，這兩種都不對。只要掌握成才的規律，筆者認為，絕大多數人都有成才的機會。

因此，要想使自己成為人才，要注意揚長避短的三個要素：第一，

要了解自己,特別是心理方面的優點和缺點。人的智力結構有五大要素,即觀察力、記憶力、思維力、想像力、實踐能力。要根據自己智力結構的優勢揚長避短,要充分發揮優點彌補自己智力結構的缺點。第二,力求五大要素都得到相對平衡的發展。第三,要根據社會需求和智力結構特點發揮智力優勢。

有位著名數學家在大學畢業後,被分發到一所國中當老師。他的心理特點做老師並不具有優勢。他是一個什麼樣的人呢?他走在路上都在思考數學問題,腦袋撞到樹了還會自言自語:「誰碰到我了?」因為他高度專注於數學研究而沒有看清路,甚至還會反問別人。這樣的人當教師是很困難的,他很難把學生的注意力集中起來,而且表達能力也不高。

當時有位著名的教育學家偶然在開會時得知這個情況,在當時的歷史條件下,破例把他調到大學圖書館做管理員,實際上是為他提供了一個專心研究數學以及哥德巴赫猜想(Goldbach's conjecture)的條件和機會。三年後,這位數學家發表了一篇哥德巴赫猜想問題的研究論文,引起了當時名人學者的高度重視。

這位數學家的成長,外在條件發揮了很大的作用,他得到了許多貴人的相助,一位是教育學家,一位是數學家,還有一位是政治家。他病危時,為挽救他的生命,政治家傾盡全力協助,這件事情讓他繼續在研究數學這件事情有著了巨大的作用。這位數學家充分發揮了數學思維、抽象思維的能力,把長處發展到極致而成為偉大的數學家。

這位數學家除了數學抽象思維能力極其發達之外,他其他方面的能力其實和普通人一樣,甚至還比不上普通人。他之所以成才,除了三位貴人的鼎力相助之外,靠的就是揚長避短。年輕人要從成才的案例中汲

取成長的經驗力量。深思熟慮研究自己的長處是什麼、怎麼發揮自己的長處，以便成為有用的人才！

13.3.2　自學能力是各種創新人才成長的第一要素

1980年代，筆者曾經對科學創造心理學做了較為系統性的研究。

筆者得出的結果是，各種創新人才成長的第一要素是自學能力。筆者仔細想想也很有道理，創新就是在前人的基礎上向上攀登。所以首先必須學習，懂得自學，把前人的成就消化、理解，只有這樣才能創新。研究結果表明自學能力相當重要。學生培養自學能力很重要的一個手段就是課前預習。一般人做事情、解決問題首先要學習、掌握前人已有的結果，再在這個基礎上向前推進。

13.3.3　閱讀能力是自學能力的第一要素

研究顯示，自學能力是各類創新人才成長的第一要素，那麼自學能力包括什麼呢？包括閱讀能力、組織能力、思考批判能力等，但是首重的還是閱讀能力。透過閱讀掌握前人已有的知識，掌握前人已有的技能、基礎，在這個基礎上再向前推進，因此，一定要培養閱讀能力。

現代資訊科技飛速發展，很多人透過電腦、手機獲得了大量的資訊，應充分利用和享受資訊科學、資訊科技對人類知識保護帶來的巨大財富。但是這也伴隨著一些負面的東西，很多人整天看手機，這往往是碎片化的閱讀，沒有系統的精讀。這對閱讀發展是不夠的，既要學習和具備系統的閱讀能力和習慣，也要運用碎片式的學習，把兩者結合起來，充分發揮閱讀能力。現在很多學生整天上課做作業，很少有時間有系統性地閱讀一本書。很多成人也是如此，工作很忙，稍有點時間就用

手機瀏覽各種資訊，這雖然很重要，但這對培養系統的閱讀能力是不夠的。

　　這個問題應該引起足夠的重視，只有碎片化的閱讀對提高閱讀能力是遠遠不夠的，一定要系統性閱讀。只有透過系統性閱讀才能掌握系統性的知識、掌握事物發展的邏輯關係，這對思維力、批判能力、鑑別能力是非常重要的。

14 靈感

14.1 創造性活動中的心理現象

　　人們在科技創造活動中，創造性思維時有受阻，使創造性活動陷入困境，儘管苦思冥想，仍不得其解。有時卻突然得到某種啟發、啟示、聯想，突然領悟，茅塞頓開。人們在藝術創作過程中也存在靈感現象。有些詩人有時幾天也寫不出一個恰當的詞句，也會因受到某種意境的觸動，詩興大發，浮想聯翩，文思潮湧，寫出動人的詩篇。

　　靈感不僅是科學創造過程中的心理現象，也是藝術創作過程中的心理現象。科學家在科學創造中會出現靈感現象，藝術家在藝術創造過程中也會出現靈感現象。

　　在科學創造中，作出傑出貢獻的科學家，都承認靈感是客觀存在的，是不以人們的意志為轉移的。愛因斯坦很重視靈感在科學創造中的作用，他曾經說過：「我相信直覺和靈感。」

　　有位著名科學家不僅重視靈感現象的研究，他還建議建立一門靈感學。他指出：「我認為現在不能以為思維僅有邏輯思維和形象思維這兩類，還有另一類可稱為靈感，也就是人在科學或文藝創作的高潮中，忽然出現的、稍縱即逝的短暫思維過程。它不是邏輯思維，也不是形象思維，這兩種思維持續時間都很長，以致人們所說的廢寢忘食。而靈感時間極短，幾秒鐘而已。」

　　那靈感是不是可控的能力？這一點是肯定的。人不求靈感，靈感也

不會來，有靈感的人總是要經過一長段其他兩種思維的苦思冥想來做準備。所以靈感算是人可以控制的大腦活動，是一種思維。有沒有規律？剛生下來的嬰兒不會有靈感，所以靈感是社會實踐的結果，不是神授。既是社會實踐的結果，就是經驗的總結，應該有規律。總而言之，靈感是一種可以人為控制的大腦活動，是一種思維，是有規律的，要研究它，要創立一門「靈感學」。

14.2　作者的靈感心理觀

靈感是人類創造性活動中神奇的心理現象，是人類創造性過程中美妙而神奇的創造之花。

在人類歷史上，在科學家的科學創造過程中、藝術家的藝術創造過程中、其他領域的創造過程中，靈感都發揮了一定的重要作用。

儘管由於心理科學發展的局限性，人類對靈感的認知沒有達到解釋靈感本質的地步，但是不能否認靈感在人類活動中的客觀存在。

除了腦功能患有障礙和智力落後的人以外，人人都有靈感。只不過有人意識到了，有人沒有意識到，靈感不僅在科學家、藝術家、法學家身上存在，而且在一般民眾身上也存在。

一位高中生在晚上解一道題，苦思冥想也沒有解出來，睡了一覺，第二天早上醒來，忽然毫不費力就把那道題解開了。其實這就是一種靈感。

雖然人人都有靈感，但是靈感在人們創造性活動中的作用大小不一。在科學家的創造性活動中，靈感所起的作用就比一般人解決一個問題時所起的作用大得多。

14.2.1　人的靈感潛力極大

雖然人人都有靈感，但是靈感遠遠沒有被充分發掘出來。由於種種歷史原因以及個人特質的限制，人們的智力還沒有充分發掘出來。同樣，人們的靈感也沒有被發掘出來。關於目前人類靈感發揮了多少，筆者推測，人類目前靈感發揮的情況占潛在靈感的千分之一，當然，這只是一個猜想。

14.2.2　靈感是人腦的機能

靈感是人腦的機能，是客觀現實的反映，是客觀存在的。對靈感的解釋存在著唯物主義和唯心主義的爭論，唯心主義往往用天才神授來解釋，唯物主義則認為靈感是人腦的機能。靈感是人在創造性過程中實現的心理現象。靈感這種心理現象很複雜、很神奇，但它畢竟是一種心理現象。

靈感和人的其他心理現象一樣，都是人腦的機能，是人腦對客觀現實的反映。因此，從心理現象的本質看靈感現象，它不是神祕的，而是客觀存在的。

把靈感神祕化或者否認靈感的存在，都是不符合實際的。兩者都阻礙人類靈感的開發。人的一切現象都有生理基礎，靈感依然是一種心理現象，它也有它的心理基礎。筆者認為，靈感的生理機制是人類大腦暫時神經連結新的接通，是已有資訊的重新組合，是新的神經連接結合。這就是靈感產生的生理基礎模式。

14.2.3　靈感是一種最佳的創造狀態

靈感是一種最佳的創造狀態，不過這種最佳的創造狀態往往是轉瞬即逝的，但它畢竟是一種最佳的創造狀態，因為靈感的出現，往往使創

造性活動迅速完成，解決創造性過程中所要解決的問題，或者為創造性解決問題提供線索、提示、途徑、方法等。

14.2.4　靈感是一種最佳的創造力

　　創造力是為解決創造性活動中的問題而生的。創造力程度的高低決定了解決問題所產生的價值程度。靈感的出現往往使問題迅速地獲得解決，因此，靈感是一種最佳的創造力。

15　心商理論

智商論誇大了智力因素在成功中的作用。

情商論誇大了情商因素在成功中的作用。

心商論力求闡述各種重要成功因素分別在成功中的作用。

心商論是關於人才成功、創新成功的心理學理論。它從心理學角度認知人的心理素養，指心理因素在人才成功、創新成功中的作用與地位。心商適用的範圍比較廣泛。它適用於學習的成功、工作的成功、職業的成功、考試的成功、創造的成功、婚姻的成功、家庭的成功與人才的成功。

心商論是多類別、多要素的。多類別指的是心商的四個系統，即心商的心理實現系統、心商的心理動力系統、心商的心理調控系統與心商的心理供給系統。這四個系統在人才成功中的地位與作用各不相同，他們相互連結、相互制約，相輔相成，缺一不可。

心商的實現系統主要包括觀察力、記憶力、思維能力、想像能力與實踐能力，及其智力策略、智力技巧等。心商的動力系統主要包括理想、信念、信心、情感、情緒、意志與個性特徵等。心商的調控系統主要包括心理適應能力、心理承受能力、心理協調能力、心理開拓能力、心理平衡能力、心理調節能力、情緒的健康等。心商的供給系統主要是指潛心能的因素。潛心能包括記憶的潛意識、思維的潛意識、想像的潛意識、尚未出現的頓悟、尚未出現的靈感、未被意識到的情緒等。

15.1　心商的實現系統

心商的實現系統是人才成功、創新成功的最基礎、最直接的心理因素。心商透過實現系統來認知事物的規律，解決問題，實現成功的目標，實現創造的目標。

心商的實現系統是知識經濟的基礎和核心，特別是心商中的創造性思想、創造性想像所構成的創造力，在知識經濟和知識創新中有著靈感作用和主導作用。

在心商的實現系統中，創造力的程度高低，在一定程度上制約著知識創新的發展度。在心商的實現系統中，以創造力為核心，觀察力、記憶力、思維力、想像力與實踐能力，協調地發揮作用。

心商的實現系統的執行機制、執行方式對心商系統完成實現目標有很大的作用。在知識經濟時代，心商的實現系統的執行機制、執行方式與知識創新的速度和技術創新的水準都有著密切的關聯。

在知識創新中，智力所達到的程度包括兩個面向。一方面是認知能力所達到的程度，另一方面是實踐能力所達到的程度。認知能力與實踐能力二者是相互關聯的。在未來的知識經濟時代，知識的創新與知識的傳播、知識的應用是不可分割的。只有知識創新與知識應用結合起來，才會既有高水準的知識創新，又能高速度建立新的知識產業，形成二者的良性循環、互相促進、水漲船高。

心商的實現系統中的觀察力、記憶力、思維力、想像力、實踐力與智力的策略、智力技巧不協調，或者它們的程度相差懸殊，都將阻礙心商的實現系統達到目標。因此，既要提高心商實現系統的觀察力、記憶力、思維力、想像力、實踐力的水準，又要重視發展智力策略、智力技巧。

智力策略、智力技巧，是在人們的生活實踐中，在人才創造成功的過程中，逐步形成與發展的。智力策略指的是人在認知活動中的方案與計劃。人的智力活動與電腦的執行有相似之處，都是遵循一定的程序進行的。在認知操作中，為了有效地進行，依照一定的程序，及時選擇各種資訊，並且把它們組織起來，為解決問題服務。因此，策略對人的智力活動是非常重要的。在人的智力活動中，有效的、正確的策略對順利進行智力活動，解決問題，發揮著很大的促進、協同和引導的作用。在智力活動中缺乏正確策略，往往導致智力活動進行緩慢，很難解決問題。

15.2　心商的動力系統

心商的動力系統包括理想、價值觀、信念、信心、動機、需求、興趣、意志、情感與個性特質等。心商的動力系統是創造成功、人才成功的心理力量的泉源。它指引、維持、推動心商的實現系統完成所要解決的問題。

需求與動機對心商的動力系統有著重要的作用。需求與動機使心商的動力系統充滿動力、充滿活動的激情。

心商的動力系統的程度高低，制約著心商的實現系統所取得的成就的高低。心商的動力系統程度越高，例如動機強烈、信心充足、興趣濃厚、意志頑強，就能使心商的實現系統的思維能力、想像能力、實踐能力等得到充分的發揮，從而提高心商的實現系統解決問題的程度。

心商的動力系統特點決定著人才成功的社會意義、創造成功的社會意義、決定著人才成功與創造成功的社會方向。

人的動機決定著人才成功的方向。人的動機使人的活動的社會意義更加具體化。人的正確動機將引導人的活動有利於科技進步，有利於人類的物質文明和公德心的提高。知識創新者的錯誤性動機，會阻礙與破壞人類公德心。

15.3　心商的調控系統

心商的調控系統在心商論中占有一定的地位與作用。它是心商的實現系統、心商的動力系統與心商的供給系統不能代替的。

心商的調控系統的作用主要表現在兩個方面：

(1)控制作用。在人才的創造成功中，人不僅需要心商的實現系統、心商的動力系統、心商的供給系統，而且需要心商的調控系統。人需要控制當時心理狀態，使心理狀態處於較佳或最佳的程度上，使實現系統的觀察力、記憶力、思維力、想像力、實踐能力、智力策略、智力技巧，得以充分發揮。

調控系統控制的作用還表現在使心商的供給系統能較好地提供心理能力，提供心理潛能保證完成創造性活動、成功地完成任務、實現成功的目標。

(2)調節功能。心商的調控系統的調節功能表現在兩個方面。第一個方面是改變心理活動的絕對強度，提高或者降低心理力量。在創造和完成目標的過程中發揮心理調節作用，改變情緒緊張感，使心理適當放鬆，有助於充分發揮心理效應。

第二個方面表現為改變心理狀態的性質，主要是從負面的心理狀態變為正面的心理狀態。例如在實現目標和創造的過程中，出現心理不平

衡，降低了人的心理力量的作用、降低了心理活動的效率。心理的調節作用表現在使心理各個方面協調與穩定，從而發揮心理作用的效果。

心理的適應性、心理的承受性、心理的協調性、心理的平衡性在人實現創造活動過程中，有著很大的作用。人的心理活動透過心理適應性、心理協調性與心理平衡性，使人的心態處於良好的狀態，使人的各種心理屬性都處於最佳的狀態，在智力與創造力競爭中，發揮更大的作用。

心商的調控系統包括情緒健康等內容。情緒健康在心商的調控系統中具有特殊作用。

15.4　心商的供給系統

人的心理是腦的機能，是人腦對客觀現實的反映。人的一生，從兒童發展到青年，再發展到成人，是人的心理潛力不斷得到發揮的過程。換句話說，人的成長和成熟是人的潛力發揮的過程。

一個人的心理發展程度高低，與人的心理潛力的發揮程度密切相關。換句話說，心商的供給系統、運轉機制的水準制約著人的心理發展程度、制約著人的心理成熟程度、制約著人的成功。

人的解剖與生理特質為人的心理發展提供了物質基礎。人的解剖與生理特質存在缺陷，在一定程度上會影響人的心理的發展、影響人的智力的發展。在正常的人的解剖與生理素質的基礎上，後天的生活實踐，在人的心理發展中有著主導作用。

人的心理潛力的發揮，是人的大腦功能充分發揮效應的結果。潛心能是一個很廣泛的心理概念，它包括潛在的未被開發的人的心理功能和

心理能量。潛心能的概念與無意識的概念不同，潛心能的概念包括無意識的概念，但是又不僅限於無意識的概念。潛心能的概念建立在人對客觀現實的反映是不斷進行的基礎上。潛心能的概念也是建立在人腦的功能的發揮遠遠沒有被開發出來這個事實上的。人的大腦功能是極其複雜的。人的大腦的功能遠遠超過電腦，電腦的功能是人的大腦功能的延伸。

電腦的功能是人發明出來的，是人創造力的產物。人腦的功能，將在人的生活實踐中、在現代科學的促進下，得到進一步的開發。人腦是一個巨大的祕密機關，我們對它的了解還很少，對它的認知還很膚淺。隨著大腦功能不斷被開發，我們的聰明才智就會日益增長，人的創造能力就會日益顯現。

21世紀是人的大腦得到進一步開發的時代，是人的智力將得到充分發揮的時代。充分發揮人的潛力，包括人的潛在的生理能力與潛在的心理能力，將成為21世紀熱門的研究課題。現在人們已意識到人類潛心能開發的重要性。

管理心理學所謂的激勵理論就是要調動人的積極性、開發人的心理資源，這就是開發人的潛心能的一個具體表現。在現實生活中，經常聽到有人提出要塑造良好的人格的相關的說法，其實這就是發揮人的潛心能，顯現人的潛心能的過程。所謂開發人的智力、開發人的智力資源，也是發揮人的潛心能的過程。

Part3　創造心理學・人才學

Part4　教育心理學

16　早期智力教育

(1)早期智力教育的可能性。

近年來,在社會上發現一批智力超常的兒童。有人認為,早期教育只適用於智力天才兒童,與一般兒童無關。其實,早期教育不僅適用於智力天才兒童,也適用於一般兒童。即使智力落後的兒童,對其進行適當的早期教育,也能收到一定的效果。這是因為,絕大多數兒童都具備早期教育的生理條件與心理條件。

心理是腦的機能,是客觀現實的反映。智力的發展與腦的結構與機能的變化是密切相關的。

新生兒的腦重約為390克,成人的腦重約為1,400克,新生兒的腦重相當於成年人腦重的2／7。9個月嬰兒的腦重已增加到660克,比新生兒時的腦重增加近2／3,相當於成年人腦重的1／2。2.5～3歲的兒童的腦重已增加到900～1,011克,相當於成人腦重的2／3。7歲兒童的腦重達1,280克,相當於成人腦重的90%。嬰幼兒期是兒童腦重量增加最快的時期。嬰兒出生時,神經細胞的樹狀突起數量少而短,到2歲數量和長度激增;神經纖維髓鞘在學齡前末期也逐步完成,它代表著大腦內部結構成熟。這就是說,我們一般在嬰幼兒期就具備接受早期教育的生理基礎。

國外心理學家對近千名新生兒從出生到成人的持續研究顯示,假定一個人17歲的智力發展水準為100%,那麼從出生到4歲就已經獲得了50%,4～8歲又增加了30%,其餘的20%是在8～17歲時獲得的。

因此，我們認為兒童在5歲之前是智力發展最迅速、最重要的時期。嬰幼兒期是兒童智力發展的關鍵期。

由此可見，每個兒童都具備接受早期教育的生理條件與心理條件。早期教育是符合兒童的身心發展規律的。

(2)早期智力教育機不可失。

現代心理學等研究顯示，兒童如果在生命的最初幾年被剝奪了智力發展的機會，就永遠無法達到本應達到的智力水準，他的個性心理也得不到正常的發展。

以「印度狼孩」卡瑪拉（Kamala）為例就能清楚了解。卡瑪拉被救回到人類社會時，已七八歲，從動作姿勢、情緒反應、生活方式等都表現出狼的習性。她用四肢行走，不會說話，她懼怕人，白天躲藏起來，夜間潛行。每天午夜到凌晨3點鐘，像狼似的引頸長嚎。據研究，卡瑪拉當時雖然已七八歲，智力卻相當於6個月的嬰兒程度。人們花了很大力氣都不能使她適應人類的社會生活方式。卡瑪拉4年內只學會了6個詞，能聽懂幾句簡單的話，她在7年後才學會45個詞，能勉強地學說幾句話。卡瑪拉死時，年紀是十六七歲，但她的智力僅相當於三四歲的孩子。

這是因為卡瑪拉出生後，生活在狼群中，離開了人類社會環境，錯過了智力發展的關鍵期，從而影響了其對人類特有的習慣和智力的學習和發展。

類似狼孩這樣的事例畢竟是少見的。但是，如果在嬰幼兒期缺少撫育與學習的機會，也將抑制兒童的智力發展，使其個性心理得不到正常的發展。

有的學者研究發現,在孤兒院的單調環境中成長的嬰兒,和生活在一般家庭環境的嬰兒相比較,其智力發展程度低下,並且情緒也易存在異常。後來把這些嬰兒分成兩組,第一組遷居到豐富多彩的環境中,並且有成人提供良好照顧,第二組仍處在單調環境中。一年後,兩組兒童的智力發展程度有著明顯的差別,第一組兒童的智力遠遠高於第二組的智力,這說明環境與教育對兒童身心發展有著重要的影響。

在第二次世界大戰時期逃進深山的日本人橫井莊一,當時他已成年,在野外環境中獨自生活了 28 年。1972 年回到人類社會後,僅用了 83 天就恢復並適應了人類的生活,還在當年結了婚。這說明,嬰幼兒時期的教育與社會生活環境會影響人的一生。

(3) 早期智力教育要掌握的原則。

對嬰幼兒進行早期智力教育,從他們的生理與心理特點出發,採取適當的方式,因勢利導,才能達到令人滿意的效果。

在遊戲中學習:遊戲是嬰幼兒的主要活動方式。特別是智力遊戲,是兒童認知世界、發展智力的重要方法。因此,早期智力教育要生動活潑,富有趣味,把學習的活動寓於遊戲之中,如在遊戲中認字、數數。這樣邊玩邊學,可以把枯燥無味的知識變成吸引兒童的有趣的互動。對兒童進行早期智力教育最忌諱的是強制式學習,例如強迫兒童一連幾小時伏案寫作業,結果必然事與願違,適得其反。

透過知識教育發展兒童的智力:智力與知識是有關聯的。智力是透過知識的掌握而形成與發展起來,而掌握知識的難易和速度,又依賴於智力的發展程度。智力與知識又是有區別的,不能把智力歸結為知識本身。

16　早期智力教育

　　對兒童進行早期智力教育絕不意味著用填鴨式的方法向兒童灌輸系統的知識，而是用適宜的方式透過抓住知識教育的關鍵激發兒童智力的發展。早期智力教育不是單純追求多識幾個字，多數幾個數。教的內容和進度要適合兒童智力發展的特點。

　　接受多方面的智力刺激：擴大兒童生活與活動的範圍，開闊兒童的視野，接受多方面的智力刺激，對促進兒童智力發展有著重要的意義。家長可依據自身能力，經常帶著兒童散步，遊覽參觀公園、動物園，參加智力競賽、會客訪友等。這些都能增加兒童知識，啟迪智慧。

　　激發好奇心與求知欲：兒童心理發展的一個特點是好奇心強、求知欲旺盛。新穎的刺激、有趣的故事、誘人的形象等都能激發與發展兒童的好奇心與求知欲。如講故事、猜謎、手工製作等都能發揮發展智力的作用。

　　要從小保護鼓勵兒童的好奇心與求知欲，對兒童提出的各種問題，都要設法予以回答，不能搪塞或拒絕，更不能斥責或諷刺。

　　注意兒童思維的直觀、想像的特點：教嬰幼兒說話和識字時，要考慮他們思維的直觀、想像的特點，從易到難，由淺入深，從具體到抽象。首先教嬰幼兒那些經常看得見、摸得到、聽得到的實物的名詞，以及嬰幼兒經常重複的動作的動詞。要注意嬰幼兒的注意力不易集中的特點，每次教的數量不宜多，時間不宜過長。

　　發現與引導兒童早期表現的智力傾向：有的兒童對繪畫、唱歌或數學有著特殊的興趣。要細心發現兒童的特殊興趣，注意在相應的知識，在技能上給予指導。掌握兒童早期的智力傾向，就能因勢利導，發展兒童智力。發現兒童早期教育的智力傾向，並不意味著兒童學習知識可以有所偏廢。

德、智、體全面發展：對嬰幼兒進行早期教育包括德、智、體三個方面。

這三者是相互連結、相輔相成的。如果嬰幼兒沒有健康的身體，便缺乏智力發展的物質基礎；如果嬰幼兒個性、心理素質不良，便缺乏智力發展的正確方向。

(4) 早期智力教育的內容。

早期智力教育的主要內容有如下幾點：

發展感知覺能力：兒童的感覺和知覺是他們認知世界的基礎。兒童感知覺能力的發展對於他們認知世界、掌握知識、從事各種活動都具有重要的意義。為了發展兒童的感知能力，第一，要結合嬰幼兒的生活實際狀況，在安全的條件下，父母要採用多種方式，鼓勵兒童對周圍事物多看、多聽、多摸、多聞、多嚐，促進兒童感知覺的發展。第二，多接觸大自然，認知花、草、魚、蟲、日、月、星、雲、山、水、湖泊等，以開闊眼界。第三，運用鮮豔的色彩、生動的形象及各種玩具，使兒童在動手的過程中，發展感覺，認知事物的屬性，如顏色、形狀、大小等。

發展操作能力：為了發展兒童的操作能力，父母要為兒童創造機會，給兒童一些實際動手操作的時刻，鼓勵兒童多動手、多玩搭積木等遊戲，鼓勵兒童多做手工，捏橡皮泥、摺紙等；對於稍大的兒童，父母可教他洗手帕、掃地，這樣不僅可以培養孩子熱愛勞動，也有助於發展孩子的操作能力。

發展孩子的語言和記憶能力：為了促進兒童語言和記憶的發展，第一，讓兒童早聽、多聽成人說話。父母要儘早與嬰幼兒進行語言的往來。不要認為新生兒不會說話，就讓他躺在那裡。兒童出生後，父母就

要經常叫兒童的名字,對兒童說話、唱歌、放音樂,培養兒童對聲音的反應,發展兒童聽力。第二,鼓勵兒童大膽說話,啟發兒童盡量用語言表達自己的感受、願望和想法。第三,抓住兒童語言發展的最敏感時期。據研究 2～3 歲是兒童口頭語言發展的最佳年齡,這個時期的兒童很容易學習說話。4～5 歲是兒童學習書面語言的最佳年齡,這個時期的兒童對閱讀識字最敏感。第四,教兒童說話與識字,要先教與兒童的遊戲、生活相關的實物的名詞,與兒童經常重複的動詞。第五,盡量利用兒歌和詩歌押韻的特點,教兒童背誦簡單的兒歌與詩歌,複述簡單故事。

培養想像力與思維能力:為了培養兒童的想像和思維能力,第一,要鼓勵兒童大膽想像和提出問題,愛護兒童的豐富想像力、啟發兒童的思維。兒童提出一些幼稚的想法,不要嘲笑,而是要做好引導。第二,為兒童多安排一些富於想像力和思想能力的活動,如遊戲、講故事。在活動中,讓兒童多動腦筋,用自己的想像去充實內容。第三,多給兒童自己思考、創作的機會。例如為兒童買合適的書籍,不要急於講給兒童聽,先讓兒童自己看圖片、想內容,讓兒童自己說說看到了什麼、喜歡什麼,然後再加以引導。

發展兒童繪畫能力與音樂能力:繪畫可以培養兒童的觀察力、記憶力、思維能力、想像力和良好的審美能力。因此,父母要儘早訓練與發展兒童的繪畫能力,鼓勵兒童從小就能畫出他感興趣的東西。音樂不僅能激勵兒童的情感,而且被譽為是誘發幼兒智力的精神乳汁。音樂能夠發展兒童的聽覺、節奏感、歌唱與欣賞音樂的能力。父母要為兒童提供更多聽音樂的機會,從兒童兩個月開始,在兒童睡醒後,多讓兒童聽一些柔和、優美的音樂。父母還可以經常用好聽的聲音唱歌給兒童聽。

(5) 早期教育對兒童身心健康的影響。

有人對早期智力教育有些顧慮，怕用腦過早影響以後的智力發育，怕影響兒童的身心健康。現代心理學家與教育學家認為，人腦開始積極工作的時間越早，延續的時間越長，腦細胞老化越慢。錯過早期教育的開發時機，想再彌補是很困難的。

有人擔心「孩子越聰明越不好養」、「早熟早衰」、「早熟早夭」，這些說法是沒有科學根據的。良好的早期教育是啟蒙式的，要培養幼兒的興趣，激發他們的好奇心。相反，不給他們學習的機會，就會影響大腦的健康發育。

美國心理學家愛德華・托爾曼（Edward C. Tolman）從1921年開始對1,500多名天才兒童進行了30年的追蹤研究。他的研究顯示，這些人的死亡、健康狀況不良、精神病和酒精中毒與犯罪發生率都比同年齡的其他兒童要低。在這些人當中，沒有發現任何一個人在青年後期做出愚蠢行為。這個天才兒童實驗組的人到了中年，對其中800名男子的研究結果表明：早熟不會早衰，這800人的智力程度仍然是出類拔萃的。

他們所取得的成就和任意選擇的800個同年齡的人比較起來，幾乎多10～20倍，甚至30倍。

據研究，世界著名人物大都有接受早期教育的經驗，有人對16世紀以來歐美的400多位著名人物進行了統計分析，發現他們大多數是長壽的。因此，也不必擔心早期教育對壽命會有什麼不利影響。

17　家庭教育

17.1　高中生心理健康調查

17.1.1　8,869名高中生心理健康的調查報告

筆者曾對8,869名高中生的心理健康進行了調查研究。這次調查研究，用的是筆者編制的高中生心理健康量表。這個量表是根據高中生當前的心理健康的實際狀況編制的，其可信度和有效度都達到了心理測試的要求，比目前普遍運用的國外學者編制的心理健康測試量表，更切合實際，也更為準確。

筆者編制的高中生心理健康量表共有10個分量表，即強迫、偏執、敵對、人際關係敏感、憂鬱、焦慮、學習壓力感、適應不良、情緒波動性與心理不和諧性。另外還有一個總均分，用以從總體上衡量心理健康存在的問題。

(1)高中生心理健康存在的問題。

強迫。存在問題者占31.2%。其中存在輕度問題者占28.9%，中度問題者占2.0%，偏重問題者占0.3%。

偏執。存在問題者占24.8%。其中存在輕度問題者占20.4%，中度問題者占3.7%，偏重問題者占0.7%。

敵對。存在問題者占23.1%。其中存在輕度問題者占17.1%，中度問題者占4.7%，偏重問題者占1.3%。

人際關係敏感。存在問題者占31.4％。其中存在輕度問題者占24.3％，中度問題者占6.1％，偏重問題者占1.0％。

憂鬱。存在問題者占32.6％。其中存在輕度問題者占26.6％，中度問題者占5.2％，偏重問題者占0.8％。

焦慮。存在問題者占28.6％。其中存在輕度問題者占21.8％，中度問題者占5.4％，偏重問題者占1.4％。

學習壓力感。存在問題者占36.6％。其中存在輕度問題者占26.1％，中度問題者占8.4％，偏重問題者占2.1％。

適應不良。存在問題者占34.6％。其中存在輕度問題者占29.7％，中度問題者占4.5％，偏重問題者占0.4％。

情緒波動性。存在問題者占35.0％。其中存在輕度問題者占27.7％，中度問題者占6.2％，偏重問題者占1.1％。

心理不和諧性。存在問題者占33.4％。其中存在輕度問題者占28.3％，中度問題者占4.7％，偏重問題者占0.4％。

從總體上來看，這些高中生心理健康存在問題者占32.0％。其中心理健康存在輕度問題者占28.0％，中度問題者占3.9％，偏重問題者占0.1％。

從以上10個心理健康問題的因子看，存在問題占30％以上的因子有7個：學習壓力感（36.7％）、情緒波動性（35.0％）、適應不良（34.6％）、心理不和諧（33.4％）、強迫（31.2％）、憂鬱（32.6％）、人際關係敏感（31.4％）。

存在問題最嚴重的是學習壓力感，占總人數的36.7％。其次是情緒波動性，占總人數的35.0％。學習壓力感已成為高中生心理健康問題

的主要內容，這和社會當前的教育體制有密切的關係。在這種教育背景下，學習壓力感已成為高中生心理失調的主要心理健康問題。

情緒波動性僅次於學習壓力感。某位著名心理學家教授曾經指出：「國內學生和美國學生在智力方面比較，國內學生有很大優越性，但是國內學生情緒不穩定。」教授說過的這句話已經過去了幾十年，目前的國內學生情緒仍不穩定，這是心理健康的主要問題。

(2)女性高中生與男性高中生心理健康問題的比較。

筆者對 4,413 名男性高中生與 4,091 名女性高中生進行了心理健康的性別研究。結果顯示，在這次測試中，女性的心理健康問題比男性的心理健康問題嚴重，表現在以下 6 個方面，即強迫、人際關係敏感、憂鬱、焦慮、學習壓力感、情緒波動性。從總體上看，女性的心理健康問題比男性嚴重，並且在統計學上達到極其顯著的差異。

女性要適應知識經濟時代的要求，就必須提高自身的心理抗壓性。心理健康是心理抗壓性的重要組成部分。從測試的結果來看，目前女性的心理健康水準低於男性的心理健康水準。因此在心理教育中，要根據女性心理特點的實際情況，採用針對性的心理教育措施，切實克服女性心理健康存在的問題，提高她們的心理健康程度。

17.1.2 高中生父母教養方式與心理健康的關係

選用父母教養方式量表與症狀自測量表作為研究父母教養方式與心理健康研究的工具。研究結果顯示，第一，父母教養方式與高中生心理健康之間有著密切的關係。第二，不同的父母教養方式對高中生心理健康影響的程度也存在差異。

透過相關分析顯示，父母教養方式中的過分干涉、過度保護、拒

絕、否認、懲罰嚴厲對高中生心理健康的影響要大於情感溫暖理解方面的影響。

另外，為了進一步分析父母的教養方式對高中生心理健康的影響，又分別做了兩方面分組的差異考驗。

一是以症狀自測量表分量表的得分為分界點，分別考驗父母教養方式在這兩組上面的差異。結果顯示，除恐怖、偏執高低分組，父母教養方式的情感溫暖、理解的差異不顯著外，其他在父母教養方式上的差異，都達到顯著的程度。

二是按父母教養方式量表分量表得分的平均分，把父母教養方式分為高低兩組，分別考驗各組在學生症狀自測量表十個分量表得分上的差異，結果表明差異都達到顯著的程度。

從研究結果得出，良好的父母教養方式，如情感溫暖、理解型與孩子心理健康問題之間呈負相關，換句話說，良好的父母教養方式與心理健康呈正相關。不良的父母教養方式，如懲罰嚴厲型，過分干涉型，拒絕、否認、過度保護型與孩子心理健康問題呈正相關，換句話說，不良的父母教養方式與孩子的心理健康呈負相關。

多年以來，華人家庭教育存在很多誤解。父母望子成龍，這是可以理解的。

但是，家庭教育的誤解，阻礙了孩子全面健康成長，也阻礙孩子將來的成長。

很多父母為了孩子的成長和前途不惜犧牲一切，奔波忙碌，卻很少反思他們家庭教育的誤解。儘管他們心是好的，也付出了巨大的努力，但家庭教育的效果卻事與願違。

17.2 科學的家庭教育

17.2.1 走出家庭教育的九大誤解

（1）走出教育孩子無師自通的誤解。家庭教育是一門學問，又是一門藝術，不可能無師自通，因此父母必須學習家庭教育的知識與方法。

（2）走出「聽話」教育的誤解。所謂「聽話」教育，限制了孩子獨立性的發展和創新人格、創新意識與創新能力的發展，會影響孩子的未來發展。

（3）走出分數教育的誤解。唯分數論的家教模式會影響孩子個性的發展，阻礙孩子興趣特長的開發。

（4）走出重智育輕德育的誤解。重智育輕德育，不僅影響了孩子道德品性的發展，也束縛了孩子智力的發展。

（5）走出重視身體健康忽視心理健康的誤解。健康的新概念是身體健康與心理健康相合一。

（6）走出重言教輕身教的誤解。發揚言教與身教結合、身教勝於言教的華人家教傳統。

（7）走出趕潮流忽視個體差異教育的誤解。重視個性差異教育，因材施教，發展孩子的興趣，發展孩子的特長。

（8）走出孩子只能成功不能失敗的誤解。世界上沒有常勝將軍，失敗是成功之母，加強對孩子的抗挫折教育。

（9）走出重視認知忽視實踐的誤解。認知與實踐是一體的，人們不僅要認知世界，還要改造世界。

17.2.2 當代合格家長的家教觀念

(1)家長要首先受教育。

(2)有科學依據的教育方式。

(3)開放式的家庭教育。

(4)做人教育是家教的核心。

(5)與孩子交朋友。

(6)注重對孩子創新心理抗壓性的培養。

(7)家長要身體力行。

17.2.3 選擇科學依據的父母教養方式

無論是不是有意識的，每個父母都有自己教養孩子的方式。父母教養方式不同對孩子的人格、心理健康、品德都會產生不同的影響。父母不同的教養方式與孩子的學習成績也有密切的關係。

目前約有三分之二的父母教育孩子的方式不當。這意味著什麼呢？父母不要埋怨孩子學習成績不好，應該檢討自己的教養方式是否得當。

父母改變不當的教養方式就可以使孩子的學習成績有所提高。

目前華人父母教養方式主要有四種：

(1)過分保護的教養方式。

(2)過分干涉的教養方式。

(3)嚴厲懲罰的教養方式。

(4)溫暖、理解與民主的教養方式。

溫暖、理解與民主的教養方式是最好的教養方式，其他三種是不合格的教養方式。

17.2.4 父母教養方式的嚴重問題

筆者曾經使用父母教養方式心理問卷對961位高中生進行了調查研究。父母教養方式問卷，調查結果如表17-1、表17-2所示。

表17-1 父親的教養方式

教養方式	人數	比例
缺少感情溫暖、理解	141	15.5%
懲罰、嚴厲	75	7.7%
過分干涉	289	30.4%
拒絕、否認	75	7.7%
過度保護	326	33.9%
正常	288	29.0%

需要說明的是，一位父親既可能屬於過分保護的教養方式，也可能屬於過分干涉的教養方式。

在961位父親中，教養方式正常的有288人，占總人數的29%。有71%的父親的教養方式是不正常的、不科學、不利於孩子健康成長的。這應該引起高度重視。

表17-2 母親的教養方式

教養方式	人數	比例
缺少感情溫暖、理解	106	11.1%
過分干涉、過度保護	510	53.1%
拒絕、否認	109	11.3%
懲罰、嚴厲	52	5.4%
正常	320	33.2%

從調查結果來看，大致上可以這樣講，現在高中生的父母所採用的教養方式中，大約有三分之二的人的教養方式是不當的。

高中生正處在心理發育與身體成長的關鍵時期，父母的教養方式對高中生的心理成長、人格形成及心理健康，都有著重要的影響。

21世紀的知識經濟需要大批高心理抗壓性的人，因此，高中生的心理抗壓性對社會知識經濟的發展無疑有著非常重要的作用。在不恰當的教養方式培養下的高中生的心理健康和心理抗壓性，是很難適應知識經濟的需求的。這是一個極其嚴峻的問題。

父母首先要弄清自己屬於哪種教養孩子的方式。如果是恰當的、正常的教養方式，那就鞏固它、提高它、不斷地完善它；如果是不恰當的、不正常的教養方式，就應及時更正，以使孩子在良好的教養環境中成長、發展健全的人格、擁有良好的心理健康水準。這才有可能使孩子成為具有高心理抗壓性的人才，為國家知識經濟的起飛，奠定人才的心理抗壓性的基礎。

17.2.5 表揚的八大心理藝術

（1）應該重視做人方面的表揚。

（2）精神獎勵為主，物質獎勵為輔。

（3）表揚的良好心理氣氛。

（4）表揚程度與成績相當。

（5）表揚要考慮孩子個體需求的情況。

（6）表揚要及時。

(7) 表揚的方式要有變化。

(8) 期待要合理。

17.2.6　責備的七大心理藝術

(1) 責備要合理。

(2) 責備要與教育結合起來。

(3) 責備要及時。

(4) 責備要考慮行為的動機。

(5) 責備要和風細雨。

(6) 不要當眾責備孩子。

(7) 責備要責備在點上。

17.2.7　親子溝通的五大原則與十大技巧

親子溝通是家庭教育中的一個重要問題，很多人反映，和子女不太好溝通，自己費了很大的功夫，一片好心，但是子女不領情、說不上話。夫妻關係也一樣，夫妻關係是人類社會中很重要的一種聯結，但是很多人夫妻關係處理不好。筆者還聽過一種說法：湊合著過生活。夫妻要做到心理相容。湊合著過生活，怎麼做到心理相容呢？夫妻關係沒處理好，很重要的原因是溝通不夠、方法不得當。這裡側重講親子溝通的五大原則與十大技巧。

親子溝通的第一個原則是父母與子女平等原則。父母與子女有著血緣關係，從這個意義上說，子女是父母生命的延續，是父母給了子女生命，有一句話說得好：「你陪我長大，我陪你到老」。這是一種感恩的心

理。不能忘記父母的養育之恩，但是父母和子女是平等的。父母是子女的監護者和培養者，父母是孩子的第一任導師，父母有義務教育子女成長，但這絕不意味著父母與子女不平等。父母與子女在人權、道德等方面都是平等的。在這個問題上，誰都沒有特殊權利，特別是父母，否則就會形成不正常的親子關係。

最近筆者看了幾個大考後填志願的報導，父母和子女沒有溝通好而發生了不愉快的事件。有一個考生，想報考的學校與父親的期望不同，在爭執不下的情況下父親採取了所謂的「特權」：

把孩子壓在床上打，在打的過程中，孩子趁機逃跑了，沒有回家。父母急得不得了，最後沒辦法了只能報案，讓警察幫忙找人，這就是所謂的「打人特權」。因此，父母與子女都不能有「特權」。

作為子女來講，也要堅持父母子女平等原則，不能覺得自己是掌上明珠就恣意妄為，「騎」在父母頭上。要堅持父母與子女平等的原則，雙方都取消不平等的「特權」，才能良好溝通，促進親子關係的融洽發展。

親子溝通的第二個原則是尊重子女人格原則。在父母與子女平等原則基礎上，父母還要尊重和保護子女的人格。人人都有自尊心，父母在教育過程中一定要尊重子女的自尊心。很多父母不了解人格的重要性。尊重子女人格就是尊重子女人權、保護子女的自尊心、提高子女學習的潛力和積極性。尊重人格對子女良好人格的形成、智力開發都是極其重要的。筆者透過對百位大考榜首進行面對面、一對一的訪談，對四分之一榜首父母進行研究得出，榜首父母成功的重要因素是尊重子女的人格和隱私權。有一項研究顯示，百位大考榜首，大部分都從來沒有受過父母的打罵。

筆者經常在講課的時候問:「誰從來沒受過父母的打罵?請舉手!」舉手的人往往寥寥無幾,三五個人而已。筆者也在各種家長家庭教育報告會中當場問過在座家長:「從來沒有打罵、挖苦、諷刺過子女的請舉手!」舉手的人也是寥寥無幾。尊重子女人格就能充分發揮子女的自尊心在挖掘潛力上的重大作用,沒受過打罵的子女有很高的自尊心和很強的信心,能充分提升自己的潛力、發揮自己的學習積極性,學得好,就能考得好,而遭受過打罵的學生,事情雖然已經過去但依舊留在記憶中,會伴隨著一種自卑的潛意識,這種潛意識對子女積極性的發揮起到嚴重的壓制作用。為了證實這個觀點,筆者訪談了15個大考榜首,對這個問題進行了專項研究,其中14個榜首從來沒有受過父母的打罵和諷刺。他們在家裡有平等發言權,可以和父母討論、爭論問題,充分發表自己對問題的見解。他們填報志願完全以自己意願為主,當然也會聽取父母的合理意見。其中只有一個榜首,他小時候被爸爸打過一次,不是學習上的問題,而是因為與鄰居的小孩打鬧而挨了打。不過,子女成長過程中有過一兩次挨打的經歷,不能這樣就說父母不尊重子女。

親子溝通的第三個原則是與子女做朋友的原則。很多父母對子女很親,這是血緣關係決定的。但是很多父母也感到與子女只親不密,因為子女有話不願意跟父母溝通。筆者曾經採訪過一位大考榜首的爸爸,他說:「父母跟子女間的關係,不僅要親而且要密。親是自然的、血緣決定的,密就不一定了,密需要雙方的心理相容。真正做到父母與子女經常交流、無話不說、親密無間,是很不容易的。」

又有一位榜首家長告訴筆者,她說:「我和我女兒的關係就像姐妹一樣,我有什麼事都告訴她,她也是,彼此徹底的溝通,心中所想的事情彼此都明白,這就是朋友關係才能做到的事情。」因此,父母在和子女

溝通的過程中，不僅是長者還應該是朋友，這樣才能有好的溝通。

親子溝通的第四個原則是換位思考原則。想要親子關係變親密，想要子女和父母溝通順暢，一定要換位思考，做到相互理解、相互體貼。溝通不好往往是因為大家看事情的角度不一樣。這樣一來就會影響溝通。如果換位思考，很多問題都可以迎刃而解。

例如，有些父母因為子女回家晚了，心裡很著急，回來後就嘮叨幾句。子女往往也不理解，就覺得父母整天嘮叨，一天到晚強調安全性，到底會出什麼事情？

直到有一次孩子說：「我媽媽去小阿姨家，說六點回來，可是到了六點沒有回來，我等到六點半心裡就急了，後來去街上等，心想我媽是不是出什麼事了？這時候才想到，我晚回家，我媽嘮叨我，這是可以理解的，我媽就這一次晚回來我都著急，何況我經常晚回家呢，我媽會不著急嗎？」這就是透過換位思考做到了解決溝通存在的障礙。

親子溝通的第五個原則是以心換心原則。所謂以心換心原則就是，父母和子女在溝通中要誠心誠意進行交流，不是留一手、套話。父母套子女的話，子女就不敢說真話。尤其子女害怕父母責備自己的缺點，撒謊或敷衍了事。以心換心就是要敞開心胸來講，說真話、說實話，實事求是進行交流，即使出現一些問題，相互也可以諒解。現實生活中，子女謊話連篇，往往是父母教育不當引起的。子女出一點小錯就打罵，久而久之子女就形成了說假話的習慣。所以子女說假話的壞習慣是父母逼出來的，父母要是誠心誠意地和子女交流，就可以避免出現這些問題。雙方實事求是，一切迎刃而解。

父母與子女溝通的五大原則是指導父母如何與子女溝通，溝通需要

一個方向，偏離了這個方向，溝通就會遇到困難和失敗。

親子溝通的第一個技巧是：溝通之前父母與子女一起做健康操。

健康操有一個重要作用，一做就笑，一笑就心情舒暢，一心情舒暢大家就有話講，「酒逢知己千杯少」。要有這樣一個狀態，就可以溝通得好，所以讓大家先做做健康操，調整一下心態，在有利於溝通的心態條件下溝通，才能溝通順暢。

親子溝通的第二個技巧是正確使用語言。說話的語音、語氣、動作、姿態、表情都能表達說話人的態度和情感，父母和子女溝通是親人之間的溝通。有人認為無所謂，隨意說什麼都可以，特別是不少父母認為父母說什麼子女就該聽什麼。其實這是錯誤的認知。如果父母採取這樣的溝通方式，注定是失敗的，不僅容易造成孩子的牴觸情緒，還可能發生衝突，因為沒有尊重子女的想法。

那麼，父母和子女在溝通方面怎樣才能正確使用語言呢？據筆者的研究，筆者認為以下幾點非常重要。第一，使用語言文字意思明確，不能模稜兩可使子女產生誤解。第二，要用子女容易接受的語言文字，多用陳述性的，盡量少用挑戰性的文字。第三，使用語言要富有鼓勵性，不能平淡無味。第四，每次使用語言要有變化，不能一個腔調一個模式。第五，說話時使用生活語言，不要陳詞濫調、空話套話。親子關係非常密切，沒有必要說場面話，直接了當，該說什麼就說什麼。第六，說話要言之有理，不能靠情勒和期望講話。第七，說話語言要淨化，努力做到言語美，避免說髒話。父母說話還要注意不要對子女和親朋好友、老師使用攻擊性和侮辱性語言，這樣會使子女不願與父母溝通。

親子溝通的第三個技巧是誠懇聽子女說話。父母與子女溝通的效果

好壞，某種程度上與父母如何聽子女講話有關係。有的父母認為子女愛說話，就一邊聽孩子講話一邊做別的事，心不在焉。子女會覺得，既然你這樣對待我，我以後就不跟你講了。因此，為了溝通更有效，父母應該學會聽話的技巧。

第一，父母在和子女進行溝通時，注意力要集中，要把注意力放在聽子女說話上。不要做別的事，不要打電話、看簡訊、東張西望。這實際上是給予子女尊重，你尊重他，他就會真心實意和你溝通，你不尊重他，他就會敷衍你。

第二，父母與子女溝通時，不要輕易打斷子女講話，必要時可以做下記錄。如果沒聽清楚問題，等子女說完再問，不要一邊聽一邊打斷，這樣也會打斷他的思路，影響溝通效果。

第三，父母與子女溝通時，最好神態自然面帶笑容。即使子女犯錯了，也要心態平和。這樣，子女就願意把自己內心的話說出來，願意把自己的困難告訴父母，也願意得到父母的開導和幫助。

第四，可以進行適當的交流、發表看法、提一些改進措施。

親子溝通的第四個技巧是選擇適當的溝通時間。父母與子女在什麼時間點進行溝通是很重要的，因此，要選擇適當的溝通時間。一般來說，在子女集中注意力學習的時候，父母不要跟子女溝通。此時溝通會影響子女的學習計畫，子女會煩躁，如果出現煩躁的情緒就會影響溝通效果。當子女休息的時候，或者他有需求跟你溝通、有話和你講的時候，溝通效果會比較好。

親子溝通的第五個技巧是選擇適當的溝通地點。溝通地點很重要，不能在親朋好友面前指責子女，也不能在子女的同學面前責罵子女，要

在比較輕鬆的地方，比如說散步、閒話家常等心情比較舒坦的時候，此時子女心情比較放鬆。

親子溝通的第六個技巧是選擇雙方心態比較平和的時候交流。交流是雙方需求，心情好的時候交流就順暢。一方和雙方心情不好的時候，就不要溝通。

否則不僅談不出什麼東西來，弄不好還會出現衝突。心情好，交流好；心情差，交流差。子女考試前心情都比較緊張，這時就不要嘮叨，容易對孩子產生刺激。

親子溝通的第七個技巧是父母不要嘮叨。有一些父母和子女溝通，嘮叨不斷。「你就是粗心，再這樣下去，問題就大了。」反覆講，子女心裡就不開心了。這樣溝通的效果就不好。

親子溝通的第八個技巧是和子女溝通講話以鼓勵表揚為主。父母在談話中發現子女的問題，也應該適當提出一些建議，但是不能武斷進行，子女的成長過程中總會有他的優點，對子女的優點要適當給予鼓勵，使子女繼續前進，對子女的缺點甚至錯誤的地方要適當提出責備並給出建議。要以向前看的眼光對待子女，屢犯的錯誤要提醒子女。表揚為主，責備為輔，不能全是表揚，也不能只責備不表揚。

親子溝通的第九個技巧是對子女不說威脅的話。有些父母和子女溝通經常說一些威脅話，態度很嚴厲，語言很生硬，對子女造成很大的心理刺激，使子女內心受到很大挫折。這樣的溝通起不到鼓勵子女的作用，反而會使子女受到心理上的打擊甚至創傷。這樣做非常影響交流效果。

親子溝通的第十個技巧是適當使用精神刺激和物質刺激。有些父母

為了使子女改正錯誤、提升子女的積極性，總是以物質做為獎勵來刺激子女。父母與子女在溝通中可以適當使用精神刺激和物質刺激，但是要以精神刺激為主，從子女內心需求的角度進行刺激才是有效果的。如果經常使用物質刺激，但是從不兌現，物質刺激就很難獲得效果。

17.2.8 榜首家長家教的六大祕訣

榜首的家庭教育是成功的典型。榜首的成功並不是高不可攀，榜首家庭教育的經驗並不是不能學習的。榜首是人，榜首的家長也是人，榜首的家庭教育，對我們有一定的啟發與借鑑。

(1)做人教育是榜首家庭教育的靈魂。

(2)家長的表率作用。

(3)尊重孩子的人格。

(4)民主的家庭教養方式。

(5)不給孩子學習壓力。

(6)從小培養孩子好的習慣。

17.2.9 怎麼幫助孩子學會記憶

(1)防止孩子記憶的兩種傾向：片面重視記憶，死記硬背；不重視記憶，不學習記憶的方法和策略。

(2)怎樣才能防止遺忘：及時複習。

(3)掌握最佳的記憶時間：每天早上起床後半小時，晚上睡覺前半小時。

(4)合理用腦。

(5)穩定愉快的情緒。

(6)集中注意力。

(7)幫助孩子加強理解。

(8)學會運用記憶術。

(9)適當的營養。

(10)享受清新的空氣。

18 考試心理

筆者做了大量的調查研究與實證研究。最終，總結出考試成功的公式，即考試成功＝實力＋心態。

實力和心態二者同樣重要，缺一不可，越是接近考試，心態越關鍵。筆者幾十年的考試心理研究說明，大部分家長、考生和部分老師對考試實力即學習成績非常重視，甚至用題海戰術，但是不重視心態的問題，這會吃大虧。

18.1 考試心理調節

調節好心態，考試就成功了一半。

實力是考試成功的基礎，是考試成功的硬體。心態是考試成功的軟體，有著調節的作用。

硬體與軟體在考試成功中同等重要，缺一不可，越是臨近考試，心態的調節越重要，越關鍵。

18.1.1 樹立心態就是分數的理念

心態就是分數的五個根據：調節好心態，超常發揮，從 50 分到 100 分不是夢；因為心態不好丟 10 分、20 分的大有人在，甚至得 0 分；平時考得好，大考未必考得好，關鍵在於心態；平時考不好，大考未必考不好，關鍵也在於心態。心態好，提高分數快，心態差，丟失分數也快。

筆者從 5 個方面論證了心態就是分數，這是筆者研究考試心理所取得的重要研究成果。一般人都認為，學得好考得好，認為把基本知識、基本技能掌握了，特別是學會運用知識解決問題就夠了，其實不然。考試過程和學習過程必然伴隨著心理活動，是在心理活動的背景下進行的，因此，心態狀況對考試成績具有重大的、不可忽視的作用。因此，如果我們對「心態就是分數」這個理念有正確的掌握和認知，並且運用在實踐過程中，就會學得好、考得好，就會事半功倍。但如果認為只要掌握了知識、會運用知識，就會考得好、學得好，則可能會事倍功半。

(1)調節好心態，考試超常發揮不是夢。

筆者多年的調查研究顯示，心態好能使考生超常發揮，甚至提高 50～100 分，筆者掌握這樣的例子很多。例如，有一位學生，大考時他心態好，越考越放鬆、越考越來勁、越考越瘋狂，最後成為當年的理科榜首，創下理科有史以來的最高分，考至名校大學數學系。這樣的情況不僅在大考中屢屢出現，筆者也對一些會考學生進行了調查研究，筆者在某間學校做考試心理調節時，就當場問了不少考生，他們是否有心態好超常發揮的經歷，幾乎問到的學生都答道，說因心態好，自己考試有提高很多分。筆者在心理調節課上也常問學生，的確有不少學生大考考得很好。一位考生說因為他心態好，考試超常發揮。筆者也問了一些其他地區夏令營的學員，他們都有過因心態好而發揮好的案例。還有一個考生告訴筆者，他有一次參加模擬考，考前發高燒，他媽媽說不要去考了，去了也考不好。他說我還是要去試一試。由於自己想試一試，沒把它看得很重要，心裡很放鬆，沒想到這次考試考出了他過去沒有考到的分數。因為他心理壓力小，非常放鬆，使大腦充分發揮潛力，大腦系統訊息傳遞加快，連結緊密，取得了超常發揮的成績。

(2)心態不好，發揮失常，失分的大有人在，更有甚者大考得 0 分。據筆者初步推測，每年大考都有大約 50%的考生沒有考出平時的水準。有的考生考後非常感慨地跟筆者說：「真怪了，有幾道題平時做得滾瓜爛熟，到了考場，居然不會做，腦袋是空的，出了考場馬上就想起來怎麼做了。」這種現象，不少學生都有親身體會。曾經有位榜首告訴筆者：「老師，我從來都沒想到我會成為榜首，我的成績在年級排第 30 名，沒想到這次我心態比較平和，發揮好，居然成了大考榜首，其實我們班裡有兩個同學成績很好很好，我與他們有相當大的距離。我們班有一個考生，去年考試僅差 1 分沒達到心中理想大學錄取最低錄取標準，今年復讀一年，想要考同一所大學，而且他每次模擬考試都在年級第一、第二名。結果令我們大家感到詫異的是，他今年考得很差。因為他極度緊張，所謂的中等題、難題對平時的他來講完全沒有任何問題。但他就是越怕失分越緊張，越緊張越做不出題來，如此惡性循環。」

(3)平時考得好，大考未必考得好，關鍵在於心態。不少考生和家長都認為平時考得好，大考一定考得好，這種想法是有一定道理的，但是實際生活中卻並非如此。有些人因為平時考得好，使心態逐漸產生變化，驕傲自滿、自以為是，忽略了考前的訓練，結果大考時反而沒考好。有一個考生，成績特別特別好，在全縣市的模擬考試中，每次都是第一，他的校長、老師、同學都認為當年大考榜首非他莫屬。結果因為他大考的時候害怕犯錯，總是想保住榜首的位置，最後，居然連最低錄取標準都沒達到。當然，這是一個典型案例，在實際生活當中，大考成績沒有達到自己平時水準，或者比平時差很多，這是存在的。其中一個非常重要的原因就是心態問題。

(4)平時考不好，大考未必考不好，關鍵在於心態。有不少考生，模擬考沒考好，但他們總結了沒考好的原因，特別是在心態方面進行了很好的調整，結果，出乎意料，大考考得很好。

(5)心態好，分數提高的快；心態差，分數丟失的快。在大考時，心態的變化就能轉化為分數。心態調整好，會超常發揮，心態調整不好，會導致發揮失常。超常發揮提分，失常發揮失分。失常發揮失分的案例之前也見過，考試時寫字發抖的考生，用心理學的話來說，就是焦慮引起的書寫痙攣。有一位考生，當年大考有一道數學題很難，她做了將近 20 分鐘沒有做出來就想放棄，轉念又想自己每一次都是第一，所以，但凡有一個能將題目解答的人，就應該只能是她自己！她的心態一改變，信心就上來了。一有信心很快就出現了解題思路，沒幾分鐘就把這道題做出來了，最終成為當年大考榜首。讀書學習的提高要循序漸進，如果有人聲稱，一個晚上的熬夜苦讀可以提高 50 分，那就是騙人。心態的變化，對分數提高會達到立竿見影的效果。心態好，大考超常發揮 50～100 分不是夢。

18.1.2　考生考前普遍存在不良心態

考前不良心態必須調整。筆者對考生的調查研究，個案研究與實證研究結果表明，相當多的考生考前心態不好，因此，考前必須調整心態。考生考前普遍存在同樣的心態，筆者設計了考前心態調查問卷，對考生考前心態進行了研究，調查結果如表 18－1 所示。

表 18-1　考前心態調查結果

項目	無	輕度	中度	偏重	嚴重
對大考信心不足	22.9%	44.3%	24.3%	6.4%	2.0%
怕考不好時父母失望	9.6%	31.1%	30.7%	21.1%	7.5%
大考是終身大事，我緊張	20.7%	38.9%	27.5%	9.6%	3.3%
大考是命運的決戰，我緊張	32.9%	37.9%	20.7%	5.6%	2.9%
怕考不出平時的程度	23.6%	37.1%	23.9%	10.8%	4.6%
怕考不上理想大學影響自己理想的實現	23.9%	31.8%	28.9%	8.6%	6.8%

考生過重的心理壓力會使考生心理狀態失調表現如表 18－2 所示。

表 18-2　心理狀態失調調查結果

項目	無	輕度	中度	偏重	嚴重
心慌意亂	51.1%	30%	11.8%	5.4%	1.7%
注意力難以集中	23.2%	41.4%	20.7%	9.6%	5.1%
煩惱	25%	42.1%	20.7%	5.7%	6.5%
愛發脾氣	37.9%	39.3%	14.6%	5.7%	2.5%

考生過重的心理壓力與心態失衡也造成了生理狀態的不適應，如表 18-3 所示。

表 18-3　生理狀態的不適應調查結果

項目	無	程度	中度	偏重	嚴重
食欲不振	50.%	27.5%	12.9%	6.4%	3.2%
睡眠不好	44.3%	25.7%	15%	9.6%	5.4%

項目	無	程度	中度	偏重	嚴重
口乾舌燥	55.4%	31.4%	5.4%	6.4%	1.4%
心跳加快	53.2%	28.9%	12.6%	3.9%	1.4%

由於考前考生心態緊張造成第一、二次模擬考不理想的調查結果如表18－4所示。

表18-4　模擬考不理想的調查結果

項目	無	程度	中度	偏重	嚴重
模擬考平時熟悉的知識回憶不起來	27.1%	37.1%	25.7%	7.5%	2.6%
模擬考思路不流暢	21.4%	43.8%	23.6%	8.2%	2.9%
模擬考寫字不流暢	65.7%	22.5%	7.8%	3%	0.4%

上面列舉的考生考前心態說明，不良心態、信心不足占的比例較大，而這些心理因素正是影響考生正常發揮的重要因素。為什麼很多考生發憤圖強、挑燈夜戰，考試成績卻不理想，為什麼很多考生大考發揮不出平時水準，考前存在不良的心理因素，正是這些因素導致的。

所以筆者再次呼籲考生和家長要像重視學習一樣重視心態的調整，否則的話，可能辛辛苦苦好幾年，但是都結不出應有的考試碩果。不是考生沒有實力，也不是考生不努力，有實力也努力了，但沒考出應有的成績，這多麼遺憾。為什麼不想辦法在大考時把平時的水準發揮出來，讓自己做到不會後悔呢？家長的付出，無論在物質還是精神上的都是很多的，代價也是很大的，但只有願望是不夠的，要想實現願望，就得重

視心理因素、重視考前心態調節,幫助孩子學會心態調節。

筆者的調查結果表明,對大考信心不足者占 71.1%,怕考不好使父母失望者占 90.4%,大考是終身大事使我緊張者占 79.3%,怕考不出水平者占 76.4%,考不上理想大學會影響自己理想的實現者占 76.1%。

過多的心理壓力使考生的心理狀態失調:心慌意亂者占 48.9%,注意力難以集中者占 76.8%,煩惱者占 75%,愛發脾氣者占 62.1%。

過多的心理壓力和心態的失衡也易造成考生生理狀態的失衡:食欲不振者占 50%,睡眠不好者占 55.7%,口乾舌燥者占 44.6%,心跳加快者占 46.8%。

考生考前心態緊張造成模擬考失誤:模擬考時平時熟悉的知識回憶不起來者占 72.9%,思路不流暢者占 78.6%,模擬考時手僵、書寫不流暢者占 43.3%。

考生心態在大考成功中占首位:研究顯示,考生考試中心態占第一位;考生考前的心態占第二位;考試的學習方法占第三位;考生的學習實力占第四位。

18.1.3　考試發揮是關鍵

良好的心態即對考試充滿信心、鬥志昂揚、情緒穩定而飽滿、意志堅強、判斷果斷,在這種良好的心態下就能充分發揮人的智力因素,使人的觀察力敏感而準確,使人的思維力靈活,具有深度和廣度,使人的想像力豐富而生動。良好的心態還可以提高人的智力因素效應,從而獲得良好的成績。反之亦然,考試時心態不好,會使人喪失信心,使人情緒焦慮、憂鬱,在這種心態作用下,人的智力因素、觀察力、記憶力、

思維力、想像力、動手能力會被壓制，難以發揮出正常水準，因此，考試成績下降。建議考生家長和老師一起樹立考試成功的一個重要理念：發揮是關鍵，要努力營造良好的心理氣氛、建立良好的心理狀態、充分發揮智力因素的效應，考出好成績。

18.1.4 學生調整心態的具體方法

（1）暗示、模仿、感染是調整心態的重要方法，不僅能使考生提高學習成績，而且能改善人際關係、提高心理健康程度。

（2）健康操是行之有效的調整心態的方法，使學生明顯提高學習成績，明顯提高心理健康程度，明顯改善人際關係。

健康操的五個心理學原理：笑的心理效應、積極暗示的心理效應、大腦兩半球協調的心理效應與心胸開闊的心理效應。

（3）調整考試心態的16字訣：強化信心、優化情緒、進入狀態、充分發揮。

信心就是考生相信自己的能力，相信自己的程度，相信自己能在考試中考出自己的水準，能正常發揮自己的能力，獲得與自己的能力、程度相對應的考試成績。考生信心一方面是建立在考生的學習能力與學習水準基礎上的，另一方面也是建立在學生心理抗壓力的基礎上的。信心在大考成功中的作用是大考成功的靈魂，是大考成功的精神支柱。考生充滿信心就能在大考中發揮自己的實力和水準，就能考出與自己實力、程度相應的考試成績。信心能調整考生的智力因素和正向情緒，克服困難的心理動力，增強自我暗示。

增強信心的十種方法：學會微笑、抬頭挺胸走路、運用積極的自我

暗示、不打疲勞戰、不要迷信、大考期待目標要適當、不要攀比、多做題目，多和同學、老師、家長交流，也要增強學習實力。

大考良好情緒的標準是情緒比較平靜，情緒比較飽滿，會控制自己的情緒。

情緒在心態調整中的作用是增強信心、提高學習效率、發揮正向暗示的作用、正面影響生理機能的、正向調整外在行為的。

十種調整情緒的方法：宣洩法（包括談話法、書寫宣洩法、運動宣洩法、出氣宣洩法、哭泣宣洩法）、深呼吸法（緩慢有節奏地吸氣，停一兩秒鐘後張開口小口徐徐地呼氣）、平常心法、自我暗示法、按摩內關穴法、音樂調整法、環境薰陶法、幽默調節法、語言誘導肌肉放鬆法、想像調整法。

考試良好心態調整的標準是有信心、情緒穩定而飽滿、注意力集中、精力充沛、智力活動正常。

狀態決定發揮。充分調整狀態，有利於心態的穩定、發揮正常水準，力求超常發揮。進入狀態的六種方法：學會大考並適應大考、不要跟自己過不去、適當做題、調節生理時鐘、防止偶發意外事件的干擾、考試前夕需要好好休息。

充分發揮的六種方法：策略上藐視，戰術上重視、調整好心態、先易後難、看題要快狠準、充分發揮記憶力的作用、發揮思維力的作用。

解決記憶阻塞的五種方法：把不會的試題暫時放一邊、利用聯想、後面的試題與答案來啟發、穩定心情、以平常心對待。

人的創造性思維潛力很大，關鍵在於後天的訓練，在於堅持訓練。每天玩一分鐘，訓練擴散性思考。例如：自問自答「磚頭有什麼用途？」

「杯子有什麼用途？」「筆有什麼用途？」十秒鐘答出十個算及格。這叫物品特殊用途法的發散性思維訓練。

防止與克服強迫現象的三個方法：培養外向型人格、不要過於苛求自己、考試中做選擇題時重視第一印象的選題。

防止與克服考試焦慮的三個方法：區別考試前的緊張和考試焦慮是兩回事、正確面對考試的壓力、以平常心對待大考。

防止與克服考試憂鬱的方法：正確對待大考前的所有考試，考好了應該高興，考壞了應該慶幸，這意味著曝露出自己的問題，給自己查漏補缺的時間，如此一來，考壞了反倒成了好事情。

(4) 大考倒數計時 100 天心態的調節方法。

大考倒數計時 100 天調整心態的四個理念：調整心態是貫徹在大考前、大考中和大考後的各個時期的，每個時期的調整內容有所不同，不能用千篇一律的方法去調整。需要一邊充實自己的學習實力，一邊調整自己的心態，調整心態要因人而異。

大考倒數三個月調整心態的三個方法：跟著老師走、有條不紊地推進，有利於心態穩定、防止和克服出現精力分散、心情煩躁的心理問題，統籌安排，學會放棄。

大考倒數兩個月調整心態的關鍵在於用正確的心態對待每一次考試，根據自己考試曝露的問題查漏補缺，對曝露出的心理問題不斷加以調節。

大考倒數一個月調整心態的關鍵在於有效地解決「高原期」問題，以及調節生理時鐘問題。

調節生理時鐘的五種方法：嚴格作息、在有效的時間內爭取更高的學習效率、複習時間的安排要符合考試科目的時間安排、勞逸結合、排

除干擾。

　　大考前十天的十要十不要：要相信自己、不要迷信；要心平氣和、不要心情煩躁；要自我減壓、不要自我加壓；要生活有序、不要生活無序；要打效率仗、不要打時間仗；要適當進行靜態活動、不要劇烈運動和過度上網；要注意飲食的心理衛生和生理衛生、不要一邊吃飯一邊看書；要適當做考卷、不要只看不做；要做好考試的用品準備、不要倉促上考場；要睡眠充分、不要熬夜。

　　調整心態的十個建議：在 6 點到 6 點半起床，上午 9 點開始適度的做點語文考卷，中午睡足半小時到一小時的午覺，下午 1 點做點數學考卷，晚上 11 點睡覺，不要提前。早中晚三餐像過去一樣進行，吃的一樣，這一天要適當運動、適當娛樂，不討論大考的事情，並做好大考用品準備的檢查工作。

　　(5) 大考期間考試心態調節方法。

　　大考當天調整心態的七個重點：早上準時起床、準時吃飯、適當地提前進入考場，最好能早個 20 分鐘、注意隨時調整心態，運用考試策略和技巧、中午休息半小時到一小時、考一科算一科，不對答案，最後，注意總結經驗教訓。

　　大考第二、三天調整心態的三要點：總結第一天的考試經驗，保持良好的生理節律和心理節律，不想考試過後的事。

　　考試策略和技巧：看清考卷要求、合理安排答題順序、合理安排時間、認真審題、運用擴散性思考、保持卷面整潔、認真檢查答案卷。

　　大考結束至放榜前的心態調整：休息好，力求睡眠好。防止「三瘋」——瘋玩、瘋吃喝、瘋睡，與家長討論如何填報志願的問題。

大考放榜後到入學前調整心態的五個要點：總結高中生活、提高自我管理能力、適當地進行心理調整、適當學習，特別是學好英語、做好入學前精神和物品準備。

上大學後調整心態的五個要點：適應學習方法的轉變、處理好人際關係、正確對待戀愛問題、學會自我管理、學會具體調整心態的方法。

落榜生調整心態的三個要點：正視現實、迅速調整心態、重新選擇。

18.1.5　老師幫助學生調整心態的方法

班導抓好學生心態調整，是學校迎接大考工作的重中之重，營造班級良好心理氣氛就是調整考生心態。

考前老師幫助學生調整心態的具體措施是：班導做好心理輔導；與家長溝通，營造班級良好的心理氣氛，任課老師相互配合；考前不要倒數計時。

18.1.6　家長幫助孩子調整心態的方法

家長幫助孩子調整心態的四項須知：每個考生都有心理問題、心態對大考非常重要、心理問題可以自我調節、心理調節不可能一勞永逸。

家長要以自己的良好言行幫助孩子調整心態。不同時期家長應側重解決孩子不同的心理問題。家長要主動與老師取得聯繫，準確地幫助孩子調整心態。

家長一言一行透過暗示、模仿、感染直接和間接地影響孩子的心態，從而影響孩子成績。

考前不僅孩子要調整心態，家長也要調整心態。考前家長要做好十件事：

家長情緒力求穩定、家長心情要愉快、只告訴孩子一句話：「只要盡力就行了」、創造安靜的學習環境、讓孩子多參加娛樂運動、確保孩子的健康、幫助孩子調整心態、防止對孩子過分關注、幫助孩子準備一個小藥箱、督促孩子做好考前用品準備。

大考當天家長的六大注意事項：不問考試題的難度、不問分數、不嘮叨、不警告、以平常心對待孩子的起居、不接送陪伴孩子考試。

家長走出過分關心的六個謬誤：請假在家、在家陪讀、不斷送茶水及水果、盲目買教輔材料、代替孩子做大考的物品準備、送孩子上考場。

家長走出過分監督的四個謬誤：不許看電視、不讓接電話、不能看課外讀物、幫孩子制定學習計劃。

家長走出過分期待的兩個謬誤：期待的大學等級過高、報考志願過高。

家長走出只關心身體健康，忽視心理健康的謬誤：全家的重點保護對象、忽視孩子心理健康。

家長走出重言教輕身教的四個謬誤：電話不斷、看電視劇不斷、打麻將不斷、爭論不斷。

家長走出重時間輕效率的三個謬誤：不間斷地學習、長假不休息、「抓緊時間」和「好好學習」的口頭禪。

家長走出每次考試成績都要非常好的兩個謬誤：每次考試成績都好、太看重分數。

考前考中家長要做到的五不要：不要向孩子提出考試具體要求、不要議論填報志願的事情、不要嘮叨也不要許願，更不要威脅、不要送孩子上考場、不要問孩子考試情況。

18.2　學習方法

提升讀書學習的方法論七要素：智力因素、非智力因素、學習心態、學習習慣、學習方法的一般規律、學習策略、九門課的學習法則。

提高觀察力、記憶力、思維力、想像力與實踐能力，特別是創造性思維與實踐能力，是構成學習方法論的智力的組成部分；興趣、意志與勤奮等是學習方法論的非智力因素的組成部分；情緒穩定、樂觀、學習態度好等是構成學習方法論的心態的組成部分；善於預習、多想多問等是構成學習方法論的學習習慣的組成部分；課前預習、課上認真聽講、課後及時複習等是構成學習方法論的一般學習方法的組成部分。

18.2.1　每月提高分數的十個策略

每月提高分數的十個策略：小步伐，大目標、抓好上課時間、力求考試的科目平衡發展，解決強弱科問題、強強補弱、重點補弱、時間與效率並重、充分利用每人每天記憶最好時間（每天睡覺前半小時與起床後半小時）、文理科交叉複習，或者理文科交叉複習、跟著老師走、學會放棄，心態好，複習好，考得好。

18.2.2　黃金學習法則

寫好作文的黃金學習法則：看準題，就抓住了作文成功的方向；要有創意，這是作文成功的靈魂；結構合理，這是作文成功的基礎。

準備作文素材的要訣：看 50 篇優秀作文，用 50 個字把每篇文章的要點記錄在筆記本上，以後只要看 50 個字的摘要就想起那篇文章的整個內容。

模型解題法是學好數學、考好數學的黃金學習法則：每做兩道同類型題就思考這類題的共同方向是什麼？解題的方法是什麼？步驟是什麼？把它記在腦子裡，以後一看到同類型題，解題的思路就會在頭腦中出現，迎刃而解。

大聲朗讀課文是學好英語、考好英語的黃金學習法則：熟讀英語課本，一有時間就大聲朗讀，既提高了自己的口語能力，又鍛鍊了自己的聽力。

學好做實驗是學好物理、考好物理的黃金學習法則：掌握做物理實驗的基礎理論知識，熟悉做實驗的操作方法與步驟，寫好實驗的總結，這樣把物理基礎知識和方法融會貫通，就能學得好、考得好。

經常運用生物學的知識與理論解答日常生活中和科學上的生物學問題，是學好生物學、考好生物學的黃金學習法則。

每道題從哲學、政治經濟學、社會發展史三個角度來分析問題，每個問題要回答是什麼、為什麼、如何辦，是學好公民、考好公民的黃金學習法則。

掌握歷史事件的五個要素是學好歷史、考好歷史的第一個黃金學習法則：

每個歷史事件有五個要素，即該歷史事件發生的地點、時間、主要代表人物、情節、歷史意義。

把學過的歷史課本的目錄背下來是學好歷史、考好歷史的另一個黃金學習法則。

學會畫地圖是學好地理、考好地理的一個黃金學習法則，把地圖刻在腦中是學好地理、考好地理的另一個黃金學習法則。

18.3 填報志願

18.3.1 填報志願的八字方針

填報志願的八字方針：知己知彼，積極慎重。

怎樣做到知己：要了解自己考試總成績，了解自己的總分的排名位置。了解自己報名科系的相關成績、了解自己是否有加分、了解自己的實際情況。

怎樣做到知彼：了解報考學校的錄取分數、了解所報學校招生的情況。

怎樣做到積極慎重：實事求是的態度，不要前怕狼後怕虎、不要太悲觀、不要太低估自己、不要畏首畏尾。

所謂「慎重」，不要盲目自大、自以為是、不從實際出發、就高不就低，要切合實際，在某種程度上要留有餘地。

填報志願不是開玩笑，不是腦袋一熱就能衝上去的，靠的是實際的分數。

18.3.2 填報志願的八項注意

填報志願的八項注意事項：充分掌握大考招生的資訊、充分諮詢、報志願是學校重要還是科系重要、兼顧實力與興趣、充分重視第一志願、要填好後續志願、填報志願要考生做主、意見不一致要心平氣和。

要抓住大考招生志願資訊的重點：了解當年大考的形勢、考生填報志願的情況，反覆研讀大學招生章程、招生科系、招生人數等。反覆研讀此大學在該校招生錄取分數近幾年的統計資料。

大考成績好的考生在科系和學校的選擇上可考慮以學校為主；大考成績中等的考生，要兩者兼顧；對於大考成績差的考生，在科系和學校的選擇上，盡量有大學可以錄取。

填報志願實力是前提、基礎，當然也要考慮到自己的興趣愛好，但是不能興趣至上。

實力允許考慮興趣就考慮興趣，實力不允許考慮興趣，考慮興趣也沒有用。

填報志願重視第一志願，是大考成績能否成功錄取的一個重要問題。

剩餘志願錄取方式按照「分數優先，遵循自願」。

填好剩餘志願的祕訣是，夠一夠，穩一穩，保一保。

填報志願需要家長和考生的密切配合，出現不同意見是正常不過的事的，要充分討論，均衡方案的利弊，最後由學生來做主。

家長與考生填報志願時意見不一樣是正常的，一定要心平氣和，不要氣急敗壞，脾氣暴躁容易影響判斷，以情感代替理智，影響填報志願的準確性，最後吃虧的是學生。

18.3.3 填報志願的十個謬誤

防止與克服填報志願的十大謬誤：從眾心理造成的盲目跟風謬誤、要走出盲目攀高的謬誤、盲目填不服從的謬誤、只填報第一志願的謬誤、不了解其他志願填報的要求的謬誤、只求有大學上的謬誤、忽略科系對身體要求的謬誤、填報志願不合格的謬誤、只填鄰近縣市的謬誤、為同學們義氣填報志願的謬誤。

填報志願時特別警惕招生陷阱，特別警惕填報志願的迷信思想。

有人說：「考得好不如報得好」，這句話有偏頗性，但是也有一定的道理。我們提倡的是，既要考得好，也要報得好。

填報志願是一門學問，一定要充分諮詢、一定要知己知彼、一定要充分比較填報志願的不同方案、一定要充分討論、集思廣益、均衡利弊，克服不良的心態的干擾，達到成功填報志願的目的。

九種不良心態（冒險、自負、衝動、攀比、依賴、自卑、僥倖、煩躁、恐懼）是影響考生正確地填報志願的重要原因。

考生與家長成功填報志願的16字訣：充分討論，民主協商，家長參謀，學生決定。

19　資優教育

　　所謂資優教育，指的是對智商超過常態同齡人的少年兒童的教育。在歐美通常稱為「天才教育」，在日本通常稱為「英才教育」，在台灣稱為「資優教育」。

　　個人認為，把智商超過常態同齡人的青年的教育稱為資優教育，這個資優教育包含的範圍太過狹隘。

　　人的心理差異是客觀存在的。人的心理差異，不僅表現在智力發展水準方面——即智力發展水準超常、智力發展水準常態、智力發展水準低下三類——同時表現在智力的特點方面。天才兒童的超常，還應該包括在情緒發展、意志發展、個性發展和心理健康發展等方面超過同齡兒童。可惜的是，目前對天才兒童的研究大多僅限於智力超常。這是受近百年來智商決定論影響的結果。智力在人的生活實踐中占有重要地位，但人的心理是極其複雜的。人才成功的心理因素不只包括智力因素，還包括人才成功的心理動力系統、調控系統與潛心能系統。

　　天才兒童客觀存在。著名心理學家教授在 1939 年所著的《唐宋以來三十四個歷史人物心理特質的猜想》一書中，透過大量傳記材料，對唐朝的王勃、李白、杜甫、韓愈、白居易、李賀，宋朝的司馬光、蘇軾，元朝的王恂（數學家）、齊履謙（天文學家），明朝解縉（文學家）、祝允明（文學家），清朝的顧炎武（經學家）、吳敬梓（小說家）等歷史人物的智力進行了探索。結果表明，這些歷史上的傑出人才在兒童時期智力就獲得了突出的發展。

19.1 資優教育的爭議

社會對資優教育有著不同意見，目前社會上對資優教育的幾種觀點如下：

(1)資優教育是必要的。有一種觀點認為，資優教育是適應兒童發展的，是必要的、可行的。資優教育不僅是國民教育的重要組成部分，而且可以培養人才，促進提高國民教育的水準。

(2)影響兒童全面發展。有一些人認為，兒童及少年應該在德、智、體方面獲得全面發展。天才兒童智力發展比較好，但非智力因素發展並不是很好。有的天才兒童因其智力發展比較高而沾沾自喜，與智力發展程度一般的同學缺乏來往，自以為是，驕傲自大，因此，阻礙了天才兒童良好個性的發展和良好健康人格的形成。持這類觀點的人認為資優教育不可取。

(3)揠苗助長。有一些人認為，兒童發展是有規律可循的。不顧兒童心理發展的規律，人為向兒童施加壓力，提出不切實際的要求，會發生揠苗助長的後果。

(4)小時了了，大未必佳。有的人認為考查一個人的教育效果不能從一時看，而應從長遠看。他們認為歷史的經驗值得注意，王安石寫的〈傷仲永〉一文有普遍的歷史意義。

(5)早熟早衰。持這種觀點的人認為在兒童發展的過程中，過早地對兒童施加壓力，雖然可以暫時出現較好的學習成績，但是從長遠來看，對孩子的影響是很大的，有可能造成早熟早衰、早熟早夭折的情況。

既然天才兒童客觀存在，就應該採取相應教育措施——即資優教

育。但是，在實行資優教育的同時，可能由於教育方法不當，帶來天才兒童心理的負面效應。因此，要充分意識到負面效應的影響，採取有效措施，盡量避免。實行資優教育是可行的，但是一定要有計畫、有步驟，用適當的方法實行，不斷地總結經驗，不斷前進。

19.2　資優教育的模式

資優教育的實行已有幾十年的歷史了。儘管人們的看法不完全一致，但是，我們取得了很大的成績，為社會創造教育的穩步發展，奠定了堅實的基礎，並累積了很多值得推廣的經驗。

從實際出發，根據自己學校的實際情況，採用多種的資優教育模式。

19.3　開展資優教育的十個觀念

概括地說，筆者對資優教育，持以下幾點看法：

(1) 智力天才兒童是客觀存在的。

智力天才兒童在國內外都是屢見不鮮的。只是我們已發現的智力天才兒童還相當少，還有相當多的潛在的智力天才兒童未被發現。

(2) 超常表現的範圍廣泛。

天才兒童的表現很廣泛，主要在數學、音樂創造、繪畫創造、書法、技術革新和外語等方面。

一般來講，智力天才兒童可以分為兩類。一類是智力比較全面超常，這類兒童比較少。另一類是特殊能力超常，特別是在音樂、數學、繪畫、外語、體育等領域，表現超群出眾，這類兒童比較多。

(3)超常在各個年齡階段都存在。

天才兒童的各個年齡階段都表現出不同的心理特點。嬰兒期的智力超常，嬰兒的心理特點是對學習有興趣、感知敏銳、記憶力強等。幼兒期的智力天才兒童的心理特點是視聽辨別能力強、記憶力強、接受能力強，具有一定的抽象概括能力和初步的推理能力。學齡初期的智力天才兒童的心理特點是記憶力強、思維敏捷、求知欲強。

(4)突破智力超常的限制。

迄今為止，國外的天才教育、資優教育，大多是對智力超常的兒童進行教育。

人的心理是多方面的。人的抗壓力表現是很廣泛的。智力僅是人心理的一個方面，人的個性、情緒、意志、心理健康，都屬於人的抗壓力範圍。

高抗壓力不僅包括高智力，還包括高度發展的個性心理、穩定而愉快的情緒、高水準的心理健康。總之，高抗壓力人才是綜合性的高抗壓力人才，不是單一的高抗壓力人才，也不是單一的智商程度高的人才。

因此，在進行資優教育的時候，應該突破智力超常的限制。人的心理超常是表現在各個方面的，而人們容易受到智力論的影響，在進行資優教育的時候，只關注智力超常。近百年來人們往往用智商的高低來衡量人們智力高低的程度，認為智商是決定人的成功的因素。

我們應該要承認，在人才成功的高抗壓力性中，智商有著很大的作用，智力因素對人才成功有著直接的作用。但是，人才成功並不是完全由智商決定的，也不是由智力因素決定的。

(5)開展多種抗壓力的資優教育。

不僅要創辦智力超常的教育,而且也要辦其他抗壓力的資優教育。21世紀將是人的個性大解放的時代,會產生各式各樣的人才。

歷史在發展,社會在前進,人類在社會實踐中不斷開闢著新的活動領域。

21世紀是知識經濟時代,將造就一批批各式各樣的高抗壓力性的人才。正如卡爾·馬克思(Karl Marx)在《馬克思恩格斯全集歷史考證版》(*Marx-Engels-Gesamtausgabe*)中指出的:「每個社會時代都需要有自己的偉大人物,如果沒有這樣的人物,它就要創造出這樣的人物來。」

21世紀是歷史空前的偉大的變革時代,需要各式各樣的高抗壓力性的人才。既需要智力高度發展的人才,也需要個性高度發展的人才。抓緊、抓好、抓準這些孩子當中的天才兒童的資優教育,將為21世紀所需要的超常人才作出應有的貢獻。

(6)全面提高心理抗壓性。

21世紀是知識經濟時代,需要的是全面的高心理抗壓性水準的人才。因此,無論是對天才兒童的資優教育,要進行全面的心理抗壓性教育。這樣培養出的人才,才具有全面的高心理抗壓性水準,才能在心理抗壓性某一個方面獲得更高的發展,才能適應21世紀對高心理抗壓性人才的需求。

(7)資優教育面向多數人。

資優教育是抗壓力教育的重要組成部分,並不是超越抗壓力教育之外的一種教育。抗壓力教育就是全面地提高學生的心理抗壓性,更大、更充分地發展學生的個性,因材施教,根據學生的心理差異發展優勢,

全面地提高他們的抗壓力性。

抗壓力教育的改革，應該包括資優教育的內容。我們應該把資優教育從僅針對狹小的智力超常的天才的束縛中解放出來，衝破原來的模式，建立新的抗壓力教育的多種模式，其中包括資優教育模式。資優教育與抗壓力教育不是矛盾對立的，而是協調統一的。每個孩子都有接受資優教育的權利。

(8)抓好常態兒童向天才兒童的轉化。

心理學家把兒童智力發展程度分為智力超常、智力常態、智力落後3種。

大部分的兒童屬於智力常態，智力超常與智力落後兒童在兒童當中占有很小的比例，大致是智力天才兒童占1%，智力落後兒童占1%～2%。

智力常態與智力超常可以相互轉化，智力常態可以向智力超常轉化，智力超常也可向智力常態轉化。智力天才兒童由勤快變得懶惰、求知欲降低了、好奇心減弱了、對某種活動的興趣愛好降低了，在一定條件下都可能使超常的智力變成常態智力水準。就是一個智力超常的兒童在不良內外因素的影響下，也會逐漸變成一個智力常態的普通兒童，所謂小時了了，大未必佳。在內外因素的作用下，由天才兒童變成常態兒童的案例屢見不鮮。

智力常態兒童由於內外因素發生變化，特別是內在因素的改變，使其心態發生變化，透過刻苦學習，對事物產生高度的好奇心，有強烈的求知欲，在適當的外界環境影響下，就有可能由智力常態發展為智力超常。有些地方流行一句話，叫做三歲看老，意思是說，三歲時的智力程

度，就可以決定你終身的發展前途。這種觀點是不正確的。人的心理隨著年齡增長在社會實踐中不斷地發展變化。有的人心理成熟比較早，有的人心理成熟比較晚。人的智力發展的速度也不盡相同。有的兒童早期智力發展迅速，有的兒童早期智力發展比較緩慢，這都是智力發展的個體差異，是客觀存在的。

智力超常不是天生就有的，也不是先天決定的，更不是從父母那裡遺傳下來的。它主要是在後天的生活環境中，兒童內因的正面因素與外界客觀世界的正面因素的相互作用的結果。智力超常是遺傳的觀點是不符合現代心理學研究的結果的。這種觀點將遏制與埋沒成千上萬的具有潛智力超常的兒童轉化為顯智力超常的兒童。用遺傳決定論觀點去看待智力超常，將嚴重地阻礙智力天才兒童的發展。

教育與社會需求對智力超常與智力常態的轉化也有著很大的作用。良好的教育環境、教育方法與強烈的時代需求，都可能在一定的條件下，特別是在具有超常與常態智力轉化的內因條件下，使二者發生轉化。智力常態兒童可能逐漸步入智力天才兒童的行列。

研究天才兒童變成常態兒童，常態兒童變為天才兒童的各種案例，並制定適當的教育方法，對促進智力常態兒童向智力天才兒童轉化、防止智力天才兒童向常態兒童轉化，具有重大的深遠的意義。

(9)資優教育的意義。

資優教育是對常規的教育的一種補充。資優教育看似是針對少數學生的，但它實際上也是針對廣大學生的，因為資優教育中累積的因材施教的經驗，在常規教育中進行推廣，有助於提高全體學生的素養，在常規教育中更好地實行因材施教，重視心理差異，充分發展學生的個性。

(10)防止小時了了，大未必佳。

歷史的教訓值得吸取。古今中外都有一些人在幼年時代聰明過人、才華超眾，被譽為「神童」、「天才兒童」。但是，長大了以後與普通人一樣，沒有突出的成就。這種情況就是所謂的「小時了了，大未必佳」。美國著名科學家控制論的創始人諾伯特・維納（Norbert Wiener）曾經寫過一本有關「神童」的自傳。他在書中提到與他同時期的 4 個「神童」的遭遇：第一個變成毫無上進心的凡夫俗子，第二個在上大學前一年就病故了，第三個成為政客，第四個成為普通的樂師。

在今天的社會，實行資優教育，人們還有一些思想顧慮。

有人認為，資優教育影響孩子的身心健康，認為早熟早衰，早熟早夭折。

其實這些顧慮是沒有必要的。美國心理學家愛德華・托爾曼從 1921 年開始對 1,500 多名天才兒童進行了 30 年的追蹤研究。他的研究結果顯示，這些超常的人的死亡、健康不良、精神病、酒精中毒和犯罪發生率都比同年代的其他人低。

參與這個天才兒童實驗的人到了中年，對其中 800 名男性的研究結果顯示，他們的智力水準仍然是出類拔萃的，他們獲得的成就和隨意選擇的 800 名同齡人比較起來，幾乎是多 10～20 倍，甚至 30 倍。

愛德華・托爾曼的研究結果顯示，早熟不會早衰；智力超常的兒童進入社會以後，他們的貢獻比同年齡智力常態的人要大得多。因此，對天才兒童進行資優教育，對他們日後為社會作出更大的貢獻是很必要的。

所謂「小時了了，大未必佳」的現象確實是存在的。其原因是極其

複雜的，有社會歷史原因和教育原因，也有社會輿論壓力的原因，還有天才兒童自身的心理原因等。特別需要指出，社會輿論過分吹捧神童，對神童的心理產生巨大的心理壓力，這對神童的發展是極其不利的。因此，社會媒體對神童的宣傳要採取謹慎的態度。

對天才兒童的教育與培養是一個長期而謹慎的教育工作，絕不能指望在短期內有顯著成效。

積極而慎重地開展資優教育，是應試教育向心理抗壓力教育轉變的一種改革，是適應 21 世紀知識經濟時代對高抗壓性人才需求的措施。

20 超能力 —— 超常認知和超常行為

20.1 電視節目的例子

所謂超能力就是一般人不具有而個別人具有的功能,例如,一般人眼睛的視力 2.0,超能力的人的眼睛視力可達到 6.0。一定要強調,超能力是物理的屬性,這就是站在唯物論的角度來看待超能力;唯心主義看待超能力是神授的。某一電視節目播出的例子實際上就是超能力現象。

挑戰者成功挑戰輪滑過汽車、成功挑戰人梯平衡登高、成功挑戰 34 公尺高空飛行、與搭檔犬成功挑戰搜救犬走鋼絲、成功挑戰挖掘機投三分球。

又有兩位來自東非的馬賽人在節目中進行的挑戰特輯讓人嘖嘖稱奇。經過測試,正常人的最佳視力是 2.0,而他們的視力居然可以達到 6.0。這次,他們首次離開部落登上高處進行挑戰,馬賽人一戰挑戰成功;5 歲的孩子在節目現場挑戰哄睡萌寵,她在現場成功哄睡 5 隻可愛小動物;警察局的女神探,她的傳奇經歷曾被媒體多次報導。在節目中她挑戰憑藉腳印在 30 個人中選出目標足跡主人;也有挑戰者帶來的挑戰攀岩專案是穿戴義肢攀岩,讓三位評委淚灑現場,全場觀眾集體起立鼓掌。

駕駛挑戰用直升機開 5 瓶啤酒,挑戰成功;海拔 3,500 公尺鋼索行走,征服阿爾卑斯山;超遠距離辨別 2 公分 E 字方向,一對夫婦挑戰成功。

聽音識途，鸚鵡經過兩次挑戰，成功追尋哨聲找到主人；聽 15 隻狗喝水聲，分辨目標狗，挑戰成功；6 公尺長梯過橋，成功挑戰晃梯極限。

盲人鋼琴調律師以耳辨物，現場透過拍手、「狼叫」等方式判斷反射音，精準辨認 30 位衣著髮型相同的真假模特，令全場觀眾震驚不已；一位體育界的「小鮮肉」在現場挑戰「單手爬陡梯」，40 級的臺階足有 2 公尺的高度，挑戰過程跌宕起伏；鱷魚救助者挑戰徒手捕捉 1.7 公尺長的鱷魚；挑戰矇眼立啤酒箱至 24 層；銀行職員挑戰聽聲數錢；狗狗挑戰不可能，直立完成兩分鐘的拉丁舞蹈；普通的巴士司機師傅駕駛 18.5 噸大巴車在翹翹板上挑戰平衡極限。

這些挑戰不可能就是超能力，大體來講分兩大類：一類是特異感知，一類是特異致動。

20.2　近年來出現青年超能力

（1）從小對數學很感興趣，15 歲攻破困惑世界數學界的百年難題，多次被邀請參加被稱為「世界最強大腦」的世界頂尖科學家會議，受到頂尖科學家的關注，成為最年輕的科學家。

（2）在高中時候，參加第 49、50 屆國際數學奧林匹克競賽，以滿分獲得金牌。碩博連讀，畢業於頂尖大學，獲得博士學位。每月生活費不足 1500 元，卻被稱為「數學奇才」。

（3）以第一作者身分發表論文，時年 23 歲。獲得牛津大學博士學位。她全新設計的太陽能電池，帶領著科學向前邁進一大步。

20.3 關於超能力的十個觀點

關於超能力筆者有 10 點看法：

第一，超能力的屬性，超能力是人體的一種屬性、一種機能，是特別大腦的一種屬性。

第二，超能力的本質，超能力是一種心理現象。

第三，超能力的內容，特異感知、特異致動以及傳統氣功的外氣。

第四，超能力出現的條件，超能力有一定的內因，在一定的外因條件下出現，情緒的安定、注意力的集中是超能力出現的重要內因，超能力的內因可分為先天的生理結構與特殊的機能，例如，一般人視力 2.0，超能力的人可達到 6.0，與先天的生理結構和機能有關係。人的後天的訓練和開發，也是超能力的內因，現在社會流行的所謂記憶大師都是後天訓練出來的。

第五，意念在潛意識中的地位，意念在人體超能力中有特殊地位，值得注意。

第六，超能力的個體差異，超能力的個體差異很大，超能力的種類、強度、持續時間都受人體狀態和情緒狀態的影響。

第七，超能力具有不安定性，因此有時無法重複出現，這如同有人打破百公尺跑的世界紀錄，再跑卻無法突破這個成績。

第八，超能力的可認知性，初看起來超能力頗有神祕性，但它畢竟是人體的屬性，是可以被逐漸認知的。

第九，超能力的可開發性，科學的訓練是超能力開發的重要手段，經過系統性的訓練，不少學生會出現倒背如流的記憶能力。

第十，超能力的效果，例如，八十多歲老太太的牙齒綁上繩子，繩子另一頭拴在轎車上，裡面還坐著人，她卻可以拉著車緩緩地向前移動。

關於超能力，學術界歷來有不同的看法，筆者認為超能力是客觀存在的。凡有人類的地方就有超能力。絕大部分人的能力是一般程度，個別人的能力可能超越一般人的水準，這就是超能力。現代科學對超能力的認知是很有限的，人類對人體的認知還有很多未知數，是沒有窮盡的，由相對真理向絕對真理前進。從某種意義講，研究超能力就是發掘和開發人的生理潛能與心理潛能。

歷史經驗值得注意，研究人體超能力，要防止一種傾向可能掩蓋另一種傾向，一定要堅持有科學依據的、實事求是的精神。歷史常有這種現象，當出現一種新的人體功能，會應運而生很多騙子，以假亂真，魚目混珠，造成人們認知上的混亂。

筆者認為對超能力的研究，國家應制定有關的政策，保護確有超能力的人，而對那些欺世盜名的騙子，應該根據已有的政策給予懲罰。

Part5　青年心理學・老年心理學

21　青年心理學

　　青年的心理特點主要包括以下幾點：

　　第一，基礎的個性形成。青年有自己的理想，憧憬美好的未來，他們對未來抱著希望與幻想。他們進取心強、積極向上、奮發有為，充滿青春活力，同時也容易急於求成、脫離實際，甚至在踏上社會遇到困難與挫折時，產生徘徊、苦悶與失望的心態。

　　青年的興趣與孩童比較起來更廣泛而且穩定。青年的學習興趣常常與自己未來的志願相關。青年的自我意識已基本成熟。青年的自我評價、自我教育與自我控制的能力已達到較高的水準。青年期是世界觀的形成時期。

　　他們對自然與社會，對生活、學習與工作都逐步形成了比較穩定、比較有系統性的觀念。

　　第二，青年的智力發展已達到高峰。人的智力發展到了青年期已達到成熟的階段。心理學的某些研究顯示，在高中一年級到高中二年級時，青年的智力已經初步成熟。青年的抽象邏輯思維的形成是青年期智力發展已成熟的主要徵兆。青年的思維批判性與思維獨立性明顯增強。他們開始用批判的眼光看待周圍事物，他們有著自己的獨特見解，喜歡懷疑和爭論，這是好的方面。但是有時他們固執己見，不輕易改變自己的錯誤觀念，不太容易接受別人的意見。

　　第三，青年情感的日益豐富。隨著青年的成長，他們的集體主義情感、義務感、道德感、美感已有了很大的發展，愛情感受也已出現。

青年人雖不像孩童那樣感情奔放或易於衝動，但遇事還是容易激動，或者高興、振奮、消沉、洩氣。青年往往表現出為真理而奮鬥的熱忱，但有時可能出現盲目狂熱的情感。

第四，意志的目的性與堅持性獲得重要的發展。隨著青年的認知水準與自我意識的進一步發展，他們對生活、學習與工作的目的性和自覺性有著很大的提高，在自己理想的支配下，能夠克服前進道路上的困難，表現出堅強的毅力。他們關心與重視培養自己的意志。

21.1　青年的智力

關於智力問題，幾十年來心理學家進行了大量的研究工作，提出了不少關於智力的理論，但是由於智力問題的複雜性，使其成為心理學界長期爭論而沒有取得完全一致意見的問題。

下面列舉著名的心理學家對於智力的見解。

德國的心理學家認為：智力是適應新環境的能力。

法國的心理學家阿爾弗雷德·比奈（Alfred Binet）認為：智力是一種判斷的能力、創造的能力、適應環境的能力。

美國的心理學家愛德華·桑代克（Edward Thorndike）認為：智力是從事實和真理方面著眼的適當反應的能力。

美國心理學家愛德華·托爾曼說：一個人聰明程度與抽象的邏輯思維成正比。

瑞士心理學家尚·皮亞傑（Jean Piaget）認為：智慧的本質就是適應，而適應依賴於主體的動作。

也有心理學家認為：智力是人的個性特點，是偏於認知方面的特點。一般來說，智力包括三個方面：一是個人的感知記憶能力或才能；二是個人的抽象概括能力或才能；三是獨創性地解決問題的能力或才能。

也有些心理學家認為：智力是腦神經活動的針對性、廣闊性、深入性和靈活性在任何一項神經活動和由它引起、並與它互相作用的意識性的心理活動中的協調反應。

筆者認為，智力是各種能力的綜合體。由於各種能力是互有連結又相互制約的，而不是機械地相加，因此智力主要是指人的認知和行動所達到的水準。

21.1.1 智力結構

青年人在議論智力時常說，某位同學記憶力真好、某位青年手真巧。能不能說記憶力好就是智力發展程度較高？可以認為操作能力強就是智力水準高嗎？要回答這個問題，就要了解智力的結構。

智力結構是指智力有多少可分的因素的問題。心理學家對此有不同的看法。了解智力結構對青年智力的培養是有意義的。

筆者認為，智力結構主要是由觀察能力、記憶能力、思維能力、想像能力、實踐能力五種基本能力構成的。這五種基本能力可以稱為智力結構的五個要素。在智力結構中，各種能力之間是相互連結、相互制約的，它們在智力結構中各有一定的作用。觀察能力是智力結構的中樞，想像能力是智力結構的翅膀，實踐能力是智力結構轉化為物質力量的轉換器。全面發展青年的智力主要是指智力結構中的五個要素都要有一定的水準，防止單純追求某個要素的發展，而忽視其他要素的發展，造成

智力結構的失調，形成智力畸形發展。當然，全面發展人的智力，並不意味著要求各種人才都發展同樣的能力。

21.1.2　人的智力的決定因素

遺傳決定論。遺傳決定論認為，人的智力是由先天遺傳決定的，兒童的智力是在形成生殖細胞的基因時就已經被決定了的。

美國心理學家史丹利‧霍爾（Stanley Hall）認為，遺傳能勝過教育。奧地利的心理學家卡爾‧布勒（Karl Bühler）認為，兒童心理發展過程，乃是兒童內在因素向著自己的目的有節奏的運動過程，外在環境在這裡只有著促進或延緩這個過程的作用，並不能改變這個過程。

環境決定論。環境決定論片面地、過分地誇大環境和教育在人的智力發展中的作用。這種理論認為人的智力發展是由環境因素、教育因素機械地決定的，因而智力的發展是被動的。

據調查，美國在1860年前後誕生的科學家以麻省最多，便斷定麻省的環境最適宜產生科學家。

美國行為主義心理學家約翰‧布羅德斯‧華生（John B. Watson）說：「給我一批健全的兒童，我可以用特殊的方法任意地對他們加以改變，或者使他們成為醫生、律師等，或者使他們成為乞丐、盜賊等。」

四因素綜合作用論。筆者認為影響智力的形成和發展的因素是各式各樣的，這些因素之間的相互關係也是極其複雜的。這裡，筆者提出智力發展的四因素綜合作用的觀點。

資質是人的機體某些解剖、生理上的特點，如感覺器官、運動器官、神經系統的特點，主要是腦的特點。智力的發展有賴於資質，資質

為人的智力發展提供了物理前提，提供了智力發展的一種可能性。優質的聲帶特點對發展歌唱能力很重要。但是，一個具有最優異聲帶特點的青年，如果不去從事歌唱活動，他的歌唱能力也發展不起來。

社會歷史條件是人的智力發展的背景。人的智力是人類社會歷史發展的產物，是在社會實踐中，為了滿足實踐提出的需求而形成和發展起來的。社會歷史條件制約著人的智力發展水準，影響智力發展的深度和廣度。古代社會與現代社會的青年智力發展程度有很大的差別。在現代社會中，不同社會制度、不同經濟、不同文化發展水準的國家，青年智力發展程度也是有一定的差別的。

教育在人的智力發展中發揮重要作用。人的智力是在後天的生活實踐中發展起來的。教育是由教育者根據一定的教育目的，採用一定的教育方法，有計畫、有步驟地對受教育者施加影響，促使受教育者的智力發展。因此學校教育對青年智力的發展有很重要的作用。

實踐和人的主觀能動性發揮程度，在智力的發展中有著決定性作用。素質、教育以及社會歷史條件都要透過人的實踐與主觀努力才能對人的智力發展產生影響。這就是素質條件、家庭環境與學校教育條件都大致相同的青年人，他們的智力卻有著一定差異甚至較大差別的原因。

21.1.3 智力與知識

(1)智力與知識的關係。

智力是人順利地進行認知與活動的心理條件。知識是人對客觀事物的認知與經驗的總和。二者既有關連又有區別。正確認知智力與知識的關係，對於青年的智力的發展與知識的掌握都是重要的。

智力是掌握知識的必要條件。人的智力是在透過掌握知識的過程中得到發展的,並且表現在知識的掌握過程中。青年不透過掌握知識,就不可能有智力的發展,也無法表現青年人智力的水準,脫離知識的純粹智力是不存在的。在青年的成長過程中,智力的發展水準與知識掌握的數量有相當程度的一致性。青年掌握知識越多,智力發展的程度越高;青年智力水準越高,知識的掌握就越多。智力的發展水準的高低影響著掌握知識的快慢、難易、深淺和鞏固程度。資優班青年的特點是既有較高的智力發展水準,又有較豐富的知識。他們接受能力、思維能力和記憶能力都很強,並且有較強的自學能力,這使他們接受知識快,掌握知識鞏固。

但是知識與智力又是有區別的,不能把知識與智力等同起來。智力的發展與知識的掌握並不是同步的。在青年期,智力發展的增長速度逐漸放緩,而青年透過學習與實踐,能夠迅速地掌握知識。知識的獲取速度遠遠超過智力的發展速度。正如著名的物理學家歐尼斯特·拉塞福(Ernest Rutherford)所指出的:「人們的知識在不斷地充實著,而人們的智慧卻徘徊不前。」

不同的青年,可能具有大致相同的知識,但他們的智力發展程度可能存在相當大的差別,有的人分析與解決問題的能力較強,有的人能力則較低。相反,具有大致同等智力發展程度的青年人,他們掌握的知識的多少卻有較大的區別。愛因斯坦首次報考大學時,因植物和法文不及格,而未被錄取。

有位青年創造了快速計演算法,能在幾秒鐘內進行多位數的加、減、乘、除、開根號、分數等數學計算,獲得準確的答案。人們在進行數學運算時,都是從低位算起,也就是從右向左進行運算,而他卻相

反，是從高位數算起，即從左到右進行運算，既不列算式，也不使用計算工具，直接解答，把煩瑣的中間運算過程都一概省去。他的創造成功不在於他有多麼豐富的知識，而在於在創造快速計演算法過程中，表現出的創造能力。因此，不能僅僅根據知識多寡來判斷智力的發展水準。

智力與知識是有密切關聯的，但二者卻不能互相取代。因此青年人在處理智力與知識的關係時，既要防止片面強調發展智力的傾向，也要防止單純追求知識的傾向。

正確處理智力與知識的關係對於青年的培養與選拔是重要的，混淆這種關係，就會影響人才選拔。運用知識與經驗進行一定活動的方式稱為技能。俄國畫家瓦西里·伊萬諾維奇·蘇里科夫（Vasily Surikov）的傑出繪畫才能很早就有所表現，可是他還不具備足夠熟練的繪畫技能。美術學院的主考人看過他的繪畫作品後說：「根據這些畫甚至應當禁止你在學院前經過。」這些教師的錯誤在於不能把缺少練習跟缺乏才能兩者正確地區分。蘇里科夫用事實改變了教師的錯誤看法，他用三個月的時間掌握了必要的技能，使那些教師相信他有資格進入美術學院。

(2)學習成績不等於智力。

有些青年的學習成績很好，但是智力發展程度一般；而有的青年的學習成績一般，但智力發展程度高。不能把學習成績與智力等同，不能僅以青年的學習成績好壞來判斷青年的智力發展程度。有的學生平時學習成績一般，大考成績很好；而平時學習成績很好的學生，大考成績可能一般。這往往使一些青年困惑不解。其實出現這種現象的一個重要原因，是前者學習非常靈活，分析問題與解決問題的程度高，才能在考試中取得好成績。後者往往單靠死記硬背或者習慣於依靠自己的老師教的

一套解題方法，分析問題與解決問題的訓練不夠，當出題方式改變時，則難以解答。

21.1.4　青年智力的發展

從孩童時期到青年前期，智力的發展總體還是曲線上升的。一般說來，十七八歲到二十歲左右，青年的智力發展已經相當成熟。

青年期的感知覺在孩童時期發展的基礎上，獲得進一步提高，已發展到成熟的水準。視覺感受有了很大的提高，聽覺感受也有所增強。十五歲左右的青年，聽覺感受可以超過成年人。關節肌肉感覺獲得高度的發展，空間知覺與時間直覺已發育成熟。總之，青年的感知覺在內容上更豐富，在範圍上更複雜了，在感受方面更敏銳了。

由於抽象思維的發展，青年期的觀察力比少年期更強了。他們的觀察力更富有目的性與系統化。青年的觀察的全面性、深刻性也得到發展，因此能夠觀察到事物的各個方面與本質屬性。

青年是記憶發展的黃金時代。青年記憶快、持續耐久、回憶準確。

青年的思維比起孩童具有較高的抽象性與概括性。孩童思維的抽象性與概括性雖然已經有了很大的發展，但是在一定的程度上還受具體形象的影響，因此可以說，孩童的抽象思維是屬於經驗型的。而到了青年期，思維的抽象性與概括性已發展到了理論型。

青年的思維的獨立性與批判性比起孩童也有了高度的發展。青年不願盲從，不喜歡人云亦云，喜歡探索事物的本質，喜歡懷疑與爭論，願意發表自己的見解。這些都是青年思維的獨立性與批判性獲得高度發展的表現，這也是青年思維的優點，應該得到珍惜與保護。

青年的思維的廣闊性與深刻性隨著生活與實踐的範圍擴大、知識經驗的增多而得到發展。青年思考問題的範圍擴大，能夠抓住事物的本質與事物的規律性。

青年隨著年齡的增長、知識經驗的豐富與思維水準的提高，想像的內容豐富性已達到一個新的高度。

青年隨著眼界的擴大、知識的增長、求知欲的增強與獨立思考能力的提高，創造性想像則獲得高度的發展。青年人富於幻想。他們嚮往未來生活的願景。幻想是創造想像的特殊形式。它的特點是根據自己的願望去設想未來事物的形象。幻想是鼓舞青年前進的巨大精神力量，要引導青年的幻想朝著健康的方向發展，防止或克服空想。空想脫離客觀現實的規律，是根本不能實現的，它對青年只有負面的作用。

青年操作能力的發展已達到了高峰，心靈手巧是青年的特點。青年的觀察力的全面與深度、記憶的準確與鞏固、思維的靈活與富於創造，促使青年的操作活動更加敏捷而準確。

一般說來，青年由於觀察力、記憶力、思維能力、想像力與實踐能力的高度發展與成熟，學習能力也達到了高峰。

21.1.5　青年的智力差異的表現

(1) 智力發展程度的差異。

愛德華・托爾曼根據史丹佛－比奈智力量表 (Stanford–Binet Intelligence Scales) 對美國兒童與青年測試的結果，對智力發展水準進行了分類。智商在 140 以上者為天才；智商在 130～140 為最優秀；110～120 為優秀；90～110 為常態；80～90 為次正常智商；70～80 為臨界正常；

60～70為輕度智力屏弱；50～60為愚鈍；25～50為痴愚；25以下為白痴。

(2)智力類型特點的差異。

人的觀察、記憶、思維等能力都存在類型特點。根據觀察的方法是陳述的還是解釋的來劃分，可以將觀察分為觀察描寫型與觀察解釋型。觀察描寫型的人觀察事物的興趣在於事物本身，但是缺乏對事物的分析，不易抓住事物的本質。觀察解釋型的人在觀察事物時大膽地探索事物的原因和結果。

從各種分析器在記憶中的作用，可把記憶能力分為下列幾種類型：記憶的視覺類型，即看到的記憶效果好；記憶的聽覺類型，即聽到的記憶效果好；記憶的運動覺類型，即利用運動來記憶的效果好。

在通常的情況下，多數人都是混合的記憶類型。例如，視覺－聽覺記憶類型，視覺－運動覺記憶類型。

青年人的智力特點是各有優缺點。青年人根據自己智力的特點去從事活動是很重要的。每個人的智力都按自己的方式發展，有特殊的優點和缺點。在智力的發展上，對於智力的個別差異需要特別加以注意，採用特殊的教育加以影響。要重視每一個人的智力特點，不能用「同一把尺」來衡量智力。

21.1.6 智力與青年成才

人才的定義有狹義與廣義之分。具有某種活動的能力，並在生產領域、科學領域、藝術領域或其他領域做出成績的人稱為人才，這是人才的狹義定義。

具有某種活動的能力可能或已經在某種領域為社會做出成績者也稱為人才，這是人才的廣義定義。按照貢獻的大小，人才可以分為一般人才與傑出人才。

智力結構的五個要素在青年的成才中的作用是各不相同的，但又是相互關聯、相互促進的。智力結構的五個要素是包括政治家、思想家、科學家、教育家、藝術家、體育家、軍事家、各行各業的先進工作者與能工巧匠等各種人才都必須具備的，是各種人才成功所需要的智力條件。智力結構的五個要素包括觀察力與成才、記憶力與成才、思維能力與成才、想像力與成才、實踐能力與成才。

(1)觀察力與成才。

觀察力在人的一切活動領域中都是必需的。觀察力的強弱是青年成才的重要智力因素之一。觀察力強的人觀察速度快、觀察準確，並且在一定時間內觀察對象的客觀數目多，能夠迅速、準確、全面地獲得事物的資訊。許多年輕的科學家、藝術家、教育家等都是以敏銳的觀察力而著稱的。他們的成就與他們高度發展的觀察力密切相關。

(2)記憶力與成才。

記憶是智慧的倉庫，在人才成長中占重要地位。前人的經驗是從事創造性活動的基礎。沒有記憶，人的任何學習都是不可能的。青年人知識貧乏是難以成才的。青年人記憶力好，博學多才，博聞強識，在前人工作的基礎上開始新的探索，有助於成才。

記憶力在青年的各種人才的成長中都有著重要作用。歷史上不少傑出的政治家、科學家和藝術家大多是在青年時代透過鍛鍊獲得驚人的記憶力的。卡爾·馬克思在年輕時曾故意用自己生疏的外國語來背誦詩歌，

藉以鍛鍊自己的記憶力。

保爾・拉法格（Paul Lafargue）曾經這樣描繪馬克思的記憶力對他成才所起的作用：「馬克思的頭腦是用多得令人難以相信的歷史及自然科學的事實和哲學理論武裝起來的，而且他又是非常善於利用他長期所累積起來的一切知識和觀察的。無論何時，無論任何問題都可以向馬克思提出來，都能夠得到你所期望的最詳盡的回答，而且總是包含著概括性的哲學見解。他的頭腦就像停在軍港裡蓄勢待發的一艘軍艦，準備一接到通知就開向任何思想的海洋。」

(3)思維能力與成才。

思維能力是智力結構的核心，因此思維能力是青年成才最重要的智力因素。思維能力對一切人才成長都是重要的，尤其對年輕的思想家、理論家、科學家更為重要。在透過觀察、實驗獲得的大量資料形成理論的過程中，思維有著總結和概括的重要作用。達爾文用理性的思維概括自己世界旅行考察中收集的大量資料和標本，在人類史上首次系統地提出進化論思想，並寫出了不朽著作《物種起源》（*On the Origin of Species*）。

人們在生活實踐中，解決問題的任務是不同的，因此解決問題的思維種類也不盡相同。不同種類的思維對於發明家、運動員的成才尤為重要。

具體形象思維的特點是利用已有的直觀形象去解決問題。歷史上有不少科學家常把思維具體化，即在頭腦中構成具體形象。據說，物理學家詹姆士・克拉克・馬克士威（James Clerk Maxwell）就養成了把問題在頭腦中具象化的習慣。德國化學家保羅・埃爾利希（Paul Ehrlich）曾經提倡

把設想化為圖形。在音樂家、畫家、作家、詩人、演員等的創造性活動和成才過程中，具體形象思維有著更大的作用。

理論思維解決問題的任務，是理論性質的，因此要解決任務就是運用抽象概念和理論知識。它對思想家、理論家等成才有著更重要的意義。

青年的思維通常並不僅僅是一種類型，而經常是三種類型的有機結合。根據當下的需求，某種思維類型運用多一些、某種思維類型運用少一些而已。以科學家為例，一般來說，理論科學家的思維類型是以理論思維為基礎和主導的思維類型，輔以具體形象類型和實踐思維類型。實驗科學家、發明家的思維類型是以理論為基礎的，理論思維與具體形象思維和實踐思維密切協調，而解決問題的方式主要取決於實踐思維。

(4) 想像力與成才。

一切創造都與想像力有關。青年人在學習與工作中缺乏豐富的想像力就不可能有所創造。德尼·狄德羅（Denis Diderot）曾說：「想像，這是一種特質。沒有它，一個人既無法成為詩人，也無法成為哲學家。」

青年在創造性過程中，是以想像為先導，沒有想像就沒有創造性意向，便不能進行創造。在創造過程中，想像能激勵青年從事艱苦的工作，把它進行到底。想像在科學與藝術中，在人才成長中的作用，歷來都受到學者的重視。

1895 年，當時愛因斯坦才十六歲，他卻想像了一個新奇的問題：假設有人能夠追上光速，將會看到什麼現象呢？對於這個問題他思考了十年，終於想像之花結成了豐碩的科學之果——狹義相對論誕生了。愛因斯坦強調想像在科學創造性活動中的作用。他說：「想像力比知識更重

要，因為知識是有限的，而想像力概括著世界上的一切，推動進步，並且是知識進化的泉源。想像力是科學研究中的實在因素。」也有學者精闢地概括了科學研究員的特有風格是「既異想天開，又實事求是」，他說：「科學也需要創造、需要幻想，有幻想才能打破傳統的束縛，才能發展科學。科學工作學者們，請你們不要把幻想讓詩人獨占了。嫦娥奔月、龍宮探寶、《封神演義》上的許多幻想透過科學，今天大都變成了現實。」

(5)操作能力與成才。

一個人只有認知能力而缺乏實踐能力是難以成才的。學校培養的人應該既善於動腦，又善於動手。軍事家們都知道，僅僅掌握一些書本知識紙上談兵，那是不行的；只有不僅精通兵書，而且能在戰爭中正確而靈活地調兵遣將、尋找戰機、獲取勝利，才能算得上真正的軍事家。

操作能力對一切青年成才都是重要的，它對青年工人、服務生、運動員等成才更加重要。

各種人才除了要具備智力結構的五個要素以外，還需要具備某些特殊能力。比如音樂家需要具備聽覺表象能力和音樂節奏感能力；畫家需要鑑別色彩的能力；體操運動員需要動作表象能力、發達的平衡覺能力、動作的節奏能力和形式的美感能力；球類運動員需要準確明晰的視覺知覺能力、「球感」能力和反應能力等能力。

21.1.7 培養觀察力

觀察是有一定目的、有組織的、主動的知覺。全面、正確、深入觀察事物的能力稱為觀察力。觀察是人們認知世界的門戶。觀察力不是先天就有的。它是在人們的生活與實踐中逐步培養出來的。青年都希望自己具有敏銳的觀察力，那麼怎樣培養觀察力呢？

(1)培養良好的觀察習慣。

首先,培養有目的、有計畫、有選擇的觀察習慣。其次,培養重複觀察的習慣。最後,培養在觀察過程中及時記錄的習慣。

(2)培養觀察的良好心理狀態。

觀察要深入,追本溯源,不能走馬看花,淺嘗輒止。因此青年觀察者要細心、耐心地持久觀察,這樣才能提高觀察的品質。否則無法實現較好的效果。

(3)培養良好的觀察類型。

根據觀察的方法是整體的還是細節的,可把觀察類型分為三種:

觀察的分析型:這種觀察類型的人的特點是「只見樹木,不見森林」。他們習慣於觀察事物的細節、觀察瑣碎情況,往往會忽視對事物整體的觀察。這種人往往難以理解現象的基本意義。

觀察的綜合類型:這種觀察類型的人的特點是「只見森林,不見樹木」。

他們習慣於觀察事物的一般特性,而忽視對細節的觀察,這種人對觀察對象的理解往往很籠統。

觀察的分析-綜合類型:這種觀察類型的人的特點是「既見森林,又見樹木」。他們既注意對事物整體的觀察,又善於觀察事物的細節。這種類型的人往往能夠全面深入地掌握觀察的對象。優秀的觀察者大都屬於這種類型。有意識、有目的培養觀察的分析-綜合類型是青年提高觀察力的重要途徑。

(4)發展感覺。

青年人發展感覺能力的關鍵在於努力實踐。心理學研究證明，社會實踐需求、勞動職業、教育、訓練等，都使青年人的感覺能力獲得高度發展。

青年人積極參加藝術活動，不僅能夠陶冶情操，而且能促進感覺能力的發展。例如，繪畫可以促進青年的視覺能力的發展，音樂可以促進青年聽覺能力的發展。

21.1.8　鍛鍊記憶力

古代有著不少「過目不忘」的佳話。《晉書‧符融傳》稱符融「耳聞則誦，過目不忘」。建安七子之一王粲，與人同路，遇到「道碑」，讀過之後，竟然能夠「背而誦之，一字不失」。漢末學者蔡邕的著作在兵荒馬亂中散落遺失。曹操有一次問蔡邕的女兒蔡文姬還能記住多少篇，文姬說還能記住四百多篇。曹操叫她憑著記憶把它記錄下來。

有的學者研究指出，人的大腦還有相當大的一部分潛力未曾使用。據猜想人腦未加使用的潛力達90%。有的學者指出：「若你始終好學不倦，那麼你的腦子一生中儲存的各種知識，將相當於美國國會圖書館裡存書的五十倍。」據說該圖書館藏書一千多萬本。這就是說，人腦的記憶容量相當於五億本書籍的知識總量。傳統心理學認為，人的記憶是知識與經驗的儲存，暫時神經連結的形成和印下的痕跡是其神經機制。現代心理學認為，記憶是資訊的輸入、儲存、編碼和提取的過程。人腦的「網路系統」遠比北美洲的全部電報、電話通訊網路複雜。人腦的記憶系統的高度完善化，是當代電子電腦或機器人的記憶系統無法比擬的。人腦雖具有如此驚人的認知世界和儲存資訊的能力，可惜由於種種複雜的

原因，即使世界上記憶力最好的人也未能達到這種記憶潛力的 1%。

（1）記憶成功的條件，包括注意力集中、記憶目標明確、記憶思維、力求理解、豐富的知識經驗、及時複習、運用於實踐、講究記憶衛生。講究記憶衛生是青年保護記憶、增強記憶的重要條件。

（2）運用科學的記憶方法，將使記憶效果「事半功倍」。青年人已經有了一定的記憶經驗，要努力根據自己的情況逐步總結適合自己特點的記憶方法，同時也要學習與掌握行之有效的記憶方法。運用科學的記憶方法，包括多通道協同記憶法、整體、分段、聯合記憶法、集中記憶法和分散記憶法、筆記記憶法，自我測驗法。

21.1.9　錘鍊思維能力

（1）要有豐富的知識和經驗。

（2）培養穩定正向的情緒和堅強的意志。

（3）培養強烈的事業心和責任感。

（4）建立合理的思維能力結構。

從思維的過程來看，思維能力結構是由思維的分析能力、綜合能力、比較能力、抽象能力與概括能力組成的。

在思維能力結構中，這五種思維能力結構因素互相連結，組成完整的思維運動過程。

分析是在大腦中把事物整體的組成部分與各個特性區分開。綜合是在大腦中把事物的各個部分連結起來，或者把事物的個別特徵結合起來。分析與綜合既是相反也是彼此緊密連結的過程。

比較是確立被比較事物的共同點與不同點。比較是抽象與概括的前

提。比較在創作中的作用在於對事物進行鑑別，揭示不易直接觀察到的運動和變化，追溯事物的發展的淵源和確立事物發展的歷史順序。

抽象則是透過分析綜合把事物的一般的、本質的屬性抽出來單獨加以考慮的過程。

概括則是透過分析綜合把事物的一般的、本質的屬性聯合起來並推廣到同一類事物上去的過程。

培養青年思維能力要建立青年合理的思維能力結構，使分析能力、綜合能力、比較能力、抽象能力與概括能力都得到全面、均衡發展。

(5)全面發展思維的基本特質，包括思維的廣闊、思維的深刻性、思維的獨立性、思維的批判性、思維的靈活性、思維的敏捷性、養成獨立思考的習慣。

21.1.10 發掘想像力

(1)累積豐富的生活經驗。

(2)保持與發展好奇心。

(3)培養善於捕捉直覺的本領。

(4)培養自己豐富的情緒。

(5)培養崇高的人生觀。

21.1.11 運用操作能力

(1)在認知上重視操作能力。

(2)從小培養操作能力。

(3)培養技能。

21.2　青年的創造心理

　　創造性活動的特點是創新，其形式是各式各樣的，例如技術發明、科學創造、合理化建議、工作細節的改善等。創造性的程度也不盡相同。創造過程一般可分為既相互連結又相互區別的三個階段。

　　第一階段是準備階段。這在科學創造上包括提出問題和確定研究方法；在藝術創造上包括作品的構思和收集材料。

　　第二階段是創造階段。這在科學創造上表現為對假設進行驗證；在藝術創造上表現為把作品的內容以藝術的形式表現出來。

　　第三階段為總結階段，在科學創造上表現為研究工作報告、調查報告；在藝術創造上表現為最後修飾作品。

　　青年創造心理的主要特點如下：①處在創造心理的大覺醒時期，對創造充滿渴望和憧憬。②受傳統的習慣勢力束縛較少，敢想敢說敢做，不被權威名人所嚇倒，有一種「初生之犢不畏虎」的創造精神。③創新意識強，勇於標新立異，思維活躍，心靈手巧，富有創造性，靈感迸發。④在創造上已嶄露頭角，孕育著更大的創造性。

　　綜合各方面的研究結果可以認為，創造性活動最活躍時期是在青年後期和中年前期，即二十五歲到四十五歲之間。換句話說，青年期是處在最佳創造年齡開始階段，因此青年期創造能力的培養與訓練對一生的創造有著極其重要的意義。

21.2.1　創造的心理特質

　　對於青年成才最需要的創造性心理特質有以下幾個方面：

(1) 智力特質方面：想像的豐富性、新穎性，思維的獨創性與批判性、不受傳統觀念束縛、勇於破除迷信、勇於質疑、勇於創新。

(2) 情緒特質方面：對創作充滿熱情、創作情緒穩定而持久、能夠控制自己的情緒。

(3) 興趣與動機方面：對創造有著強烈的好奇心與旺盛的求知欲、既有廣泛興趣又有中心興趣。

(4) 在意志方面：堅持不懈、百折不撓、有不達目的誓不罷休的精神。

(5) 性格方面：勤奮、勇敢、自信、謙遜、謹慎、具有責任心、正義感與犧牲精神。

青年在智力與個性方面還有相當的可塑性。為了創造社會價值，青年要努力地培養創造性的心理特質。

21.2.2 自學能力

(1) 自學能力的結構。

從事自學活動，完成自學活動，單單靠記憶力或思維是不夠的，還需要幾種能力的綜合。從事自學活動所具有的幾種能力的綜合叫做自學能力。自學能力主要包括觀察力、記憶力、思維能力、想像能力與操作能力等。自學能力表現在學習過程的各個方面。如，中小學學生預習課文、閱讀課外讀物；大學生查閱文獻、做調查研究；自學青年自修功課。

自學能力較高的人，一般具有下列的心理特點：

在觀察力方面表現為觀察準確、迅速、全面、深刻；在記憶力方面表現為記憶快、保存時間長、回憶準確；在思維能力方面表現為思維具

有廣泛性、靈活性、獨立性與創造性的特點，能夠獨立解決問題；在想像力方面表現為想像的豐富性、深刻性與創造性；在操作能力方面表現為組織能力與動手能力比較強。

(2)怎麼培養青年的自學能力，包括培養自學的信心、正確的自學動機、培養獨立思考、培養意志的堅定性、培養穩定的情緒、培養自學方法。

21.3　青年的情緒與意志

21.3.1　青年情緒

青年的情緒比起兒童具有下列特點：

(1)情緒的豐富性。

(2)情感傾向的定型。

(3)情緒的強烈性。

(4)情緒的不穩定。

(5)情緒的心境化。

21.3.2　青年情緒與成才

情緒狀態即心態、激動情緒、熱情與人才的成長有很大的關係。

心態對青年的生活和成才都是有很大影響的。良好的心態促使人的積極性、主動性、創造性發揮，提高學習和工作效率。不良的心態使人心灰意懶、陷入消沉，降低學習和工作效率，阻礙人才成長。

激動情緒是強烈的、暴風雨般的、短促的情緒狀態，如狂歡、暴怒

等。激動通常是由社會和個人生活中具有重要意義的事情所引起的。

積極的、健康的激動情緒在人才成長中，特別是在詩人、運動員、英雄人物的成長中有著重要的作用。人在正向的激動情緒下，在冷靜的理智和堅強的意志力調控下，能夠調動身心的巨大潛力，形成正確行動的巨大動力，克服艱險，攻克難關。

發揮正向激動情緒的作用，有效控制負面激動情緒是人才成功所需要的一個心理條件。熱情是強而有力、穩定而深刻的情感，它雖不如心態廣泛，但較心態強烈、深刻而穩定；它不如激動情緒強烈，但是較激動情緒深刻而持久。熱情的社會價值決定於它所指向的對象的社會意義。

熱情是一種具有巨大推動力的情感。對事業的熱愛、對工作的迷戀，是智力表現和創造力發展的必要條件。古今中外人才成功的一個基本心理條件是熱愛事業，愛至入迷。伊凡·巴夫洛夫（Ivan Pavlov）說：「第三是熱情。切記，科學是需要人的畢生精力的。假如你們能有兩次生命，這對你們來說也還是不夠的。科學是需要人的高度緊張性和很大的熱情的。希望大家在工作和探討中都能熱情澎湃。」英雄的業績、科學藝術的成就、生產商的新紀錄、工作的貢獻都是熱情的結晶。

21.3.3　青年情緒與情感的指導

(1) 培養正確人生觀。

(2) 培養良好的情感品質。

(3) 掌握自我調節情緒的心理學方法。

(4) 鍛鍊體魄。

21.3.4　青年的意志

心理學認為意志是人在完成一種有目的活動時，所進行的選擇、決定和執行的心理過程。

人的意志行動有三個特點：

第一個特點是有意識、有目的。一個人要對自己的行動目的有充分的認知，按照既定的目的去行動。意志行動是有意識的行動。

第二個特點是與克服困難有密切關聯。意志行動既表現在克服內在困難，也表現在克服外在困難。在克服內部在困難如疲倦、懶惰、分心等時，意志就是控制自己，支配自己，並自覺地調節自己行動的過程。在克服外在困難時，意志表現在對待工作中的困難、對待別人反對自己等。

第三個特點是以隨意動作為基礎的。人的行動是由動作組成的。動作分為不隨意動作與隨意動作。不隨意動作是那些不由自主的活動，例如手碰到火，會馬上縮回來。隨意動作是受意識指引的，是在生活實踐中學會的。人只有掌控了隨意動作，才有可能順利完成意志行動。

21.3.5　培養青年的意志

(1) 樹立正確世界觀。

(2) 要善於努力確定自己的目標。

(3) 從小培養意志。

(4) 從小事鍛鍊意志。

(5) 堅持參加體育鍛鍊。

21.4　品德的心理結構

任何一種品德,即道德品性,都包含一定的道德認知、道德情感與道德行動三種基本的心理成分。這三種品德的基本心理成分之間是相互連結、相互促進的。缺少其中任何一個心理成分都不能形成完美的品德,只有這幾種心理成分得以相應的發展時,品德才能形成。

一般說來,品德的基本心理成分的相互關係是這樣的:道德認知是道德情感形成的基礎,而道德情感又影響道德認知的傾向性。道德行動是在道德認知與道德情感的指導與影響下,透過一定的練習而形成的,同時道德行動一旦形成又可加強道德認知,鞏固道德情感。

(1)道德認知。

道德認知指的是對是非、好壞、善惡的道德行為準則及其社會意義的認知。青年的道德認知對於他們道德思想的形成有著重要的作用。青年的道德情感是在道德認知的基礎上產生的。青年對道德行為準則的認知直接影響道德行為的選擇。青年的道德認知不同,其道德情感與道德行動也就不同。

因此道德認知是品德的心理結構中的基本與重要的組成部分,是品德的心理結構的基礎。

青年的道德認知不是生來就有的,而是在後天的生活實踐中逐步形成的。由於個人所處的家庭、學校與社會環境不盡相同,各人的認知程度存在差異,因此青年的道德認知程度也是存在著差別的。

青年道德認知過程是道德概念、道德信念與道德評價的形成過程。

道德概念是對社會道德現象的一般特徵與本質特徵的反映。青年對

道德知識的掌握通常是以道德概念的形式表現出來的。青年道德概念的形成是經過感性認知發展到理性認知的過程，是在大量的道德表象的基礎上，經過分析與綜合、抽象與概括而形成的。青年道德概念的掌握對他們道德認知的形成有著很重要的作用。青年掌握了道德概念，就能夠判斷行動的是非，就能夠揭示行動的本質，並且按照社會道德的準則去指導自己的行動。

道德信念是在道德概念的基礎上形成的。它與道德情感和道德行動密切關聯。道德信念是堅通道德觀點的正確性，當青年以道德概念成為行動的指南，就出現了道德信念，並且引起情緒上的感受。這種道德信念是推動青年產生道德行動的強大動力，使青年的道德行動表現出堅定性。因此道德信念在青年道德品性的形成中發揮連結作用，把道德認知、道德情感與道德行動貫穿起來。

道德評價是青年應用已具有的道德概念對行動的是非與好壞進行評價的過程。道德評價是智力活動的過程。青年的道德評價程度與他們已掌握的道德概念密切相關。道德評價在青年的道德品性的形成與發展中有著重要的作用。道德評價使青年自覺地調節與支配自己的行動，為行動定向，使青年已有的道德知識成為自己的道德行動的心理力量。

(2)道德情感。

道德情感是人對自己與他人的道德行動所引起的內心感受。例如青年人會因自己做了助人為樂的事而感到滿意，會因看到別人損人利己的行為而感到憎恨，這都是道德情感。道德情感內容極其豐富，包括責任感、義務感等。

道德情感是在道德認知基礎上形成的，沒有道德認知就沒有道德情感。

但是道德情感的形成又能強化道德認知。道德情感具有自己的特點。道德情感是在社會實踐中發展的，它有著鮮明的社會歷史性。不同社會、不同階級都有著自己的道德標準，不同社會、不同階級的青年，對人的行動準則有差異，有的甚至相互對立，其道德情感就有所差異。道德情感的表現是很複雜的，在不同活動領域中都能反映出來。例如，青年的責任感不僅表現在學習與工作上，也表現在戀愛與婚姻問題上。道德情感也有著兩極化，如尊重與輕視、熱愛與憎恨、同情與反感、親近與疏遠。道德情感還有其感染性的特點，即道德情感的情緒共鳴。

(3) 道德行動。

青年的道德面貌是在他們的言行、舉止上表現出來的，並且是在他們實際行動中形成與發展的。道德行動是在道德認知與道德情感的基礎上產生的，是道德品性的外在表現。把道德認知與道德情感發展為道德行動是需要道德行動訓練的。道德行動訓練主要包括道德行動方法的掌握、道德行動習慣的養成與道德意志的培養。僅僅停留在道德認知與道德情感，而沒有轉化為道德行動，道德品性則沒有最後形成，因此道德行動的訓練在青年的品德形成中特別重要。

掌握道德行動方式是實現道德行動的必要條件。道德行動是透過一定的行動方式體現的，青年對行動方式的掌握可根據具體情況採取多種形式。

青年道德行動的實現不僅需要掌握道德行動的方式，還需要透過不斷的練習，使他們的行動形成牢固的習慣，即使青年的不常有的大的行動發展為穩定的道德行動。道德行動的習慣使青年的道德行動定型化。青年人形成某種道德習慣，就會成為道德行動的動力，一旦這個道德習

慣被破壞，就會產生不愉快的情感。

道德意志在道德行動的實現過程中也是很重要的。有的青年有了道德認知與道德情感，但是道德意志不強，道德行動難以實現，或者實現了，但不能持之以恆。一般來說，青年的道德意志過程主要經歷決心、信心與恆心三個階段。下定決心是道德意志的第一個階段。下了決心，還要樹立信心，這是道德意志的第二個階段。有了決心與信心還要持之以恆，這是道德意志的第三個階段。

21.4.1 青年優良品德的內容

一、道德認知的內容

(1) 正確的是非觀念。

(2) 高水準的自我道德認知。

(3) 高尚的道德理想。

二、道德情感的內容

(1) 責任感與義務感。

(2) 事業感。

(3) 自尊感。

(4) 集體主義情感。

三、道德行動的內容

(1) 道德行為的習慣。

(2) 道德意志。

21.4.2　美育對青年心理的影響

美的對象很多，既包括現實美，又包括藝術美。現實美包括社會美與自然美。

社會美是指社會生活的美。自然美是指自然事物的美，如山水花鳥。藝術美是指藝術作品的美。文學藝術如小說；表演藝術如舞蹈；聲樂藝術如音樂；造型藝術如繪畫，都有著豐富多彩的美。

美育是透過現實美與藝術美培養青年的智力、良好個性與感受美、鑑賞美、創造美的才能的一種教育。美育的特點在於以情感活動為媒介，透過潛移默化達到教育的目的。無論現實美還是藝術美，對青年的心理發展都能產生重要的、深遠的影響。

(1) 對青年人智力發展的作用。

無論現實美還是藝術美都能促進青年的感知覺的發展，特別是對訓練青年視覺與聽覺的感受與分化能力、青年的觀察能力有著重要的意義。現實美與藝術美對青年的形象記憶與情緒記憶的發展有著重要的影響。一般來說，受過藝術教育或從事藝術工作的青年人，他們的形象記憶與情緒記憶的程度比其他青年的形象記憶與情緒記憶高。社會美與藝術美都能激發青年的想像力。藝術家創造鮮明而生動的藝術形象，對於發掘青年人的想像力有著特殊重要的作用。

例如，青年讀了李白的「君不見黃河之水天上來，奔流到海不復回」、「飛流直下三千尺，疑是銀河落九天」的名句，將使他們的想像展翅飛翔。藝術美與自然美都能使青年的思維，尤其是具體形象思維受到錘鍊。

(2)對青年人個性發展的作用。

現實美與藝術美對陶冶青年的情操、培養良好的道德品性都有著十分重要的作用。

美感是美的對象引起的情緒感受，無論現實美還是藝術美都能使人動情。

藝術美更是觸動青年人的感情、陶冶青年人的性情的重要手段。米哈伊爾‧羅蒙諾索夫（Mikhail Lomonosov）說：親切的歌曲和音樂，能喚醒我們的靈魂和培養我們高尚的情感。藝術是以典型的形象激發人的情感、引起人的情緒反應。美感也是腦的機能。在情感的生理基礎上，大腦皮層有著主導的作用，皮層下中樞有著重要的作用。調節自主神經系統與調節內臟活動的神經中樞位於大腦皮層下。因此情感能夠引起表情動作（手勢、身段表情、面部表情）的變化，引起內分泌變化和外部腺體（唾液腺、淚腺、汗腺）的變化。而語言是人對情感產生和人的情感反應的強而有力的激發因素和表達方式。因此熱情奔放的詩歌、振奮人心的演說、意味深長的畫面、激昂動聽的樂聲、刻劃生活的戲劇，都能引起人們特別是青年人感情上的強烈共鳴，感人肺腑，動人心魄，甚至使青年人熱淚盈眶，夜不能寐，對陶冶青年人的情操有著猶如春風化雨、潛移默化的作用。

美育對培養青年的廣泛興趣、好奇心、求知欲與氣質也有著促進的作用。一位外國教育家曾經說過：「美麗的城郊、馥郁的山谷、凹凸起伏的原野、薔薇色的春天和金黃色的秋天，難道不是我們最好的教師嗎？……我深信美麗的園景，在青年氣質的發展上所具有的那種巨大的教育影響，對於教師的影響來說，是很難和它競爭的。」這位外國教育家的看法說明，自然美在陶冶青年的良好個性方面有著獨特的作用。

(3)對青年道德品性的影響。

美育能夠提高青年對真與假、善與惡、美與醜、進步與腐朽、崇高與卑鄙事物的辨識能力，因此美育對培養青年的道德品性也有著重要的作用。

(4)對青年藝術才能與正確的審美觀點的作用。

藝術教育是培養青年藝術才能的主要手段。各種藝術形式都能培養青年相適應的藝術才能。音樂才能主要是由曲調感、聽覺表象能力與節奏感能力所組成。構成音樂才能的三種能力都是在音樂活動中形成與發展起來的。因此音樂是培養青年音樂才能的最基本手段。繪畫才能由猜想比例的能力、對亮度關係的猜想能力、用眼尋找垂直方向和水平方向的精確性、空間想像力與視覺分析器同運動分析器的協調能力所組成。這些能力是在繪畫的活動中逐步形成與發展的。因此繪畫是培養青年繪畫才能的基本手段。

美育對培養青年正確鑑賞美的能力、形成正確的審美趣味與審美觀點都有著決定性的作用。青年具有正確的鑑賞美的能力，就能對事物的美與醜進行鑑別，並且能評價美與醜的程度。

美育是培養青年的藝術表現才能的基本途徑。青年藝術表達能力的提高，會增強他們的審美感受能力。娜傑日達・克魯普斯卡婭（Nadezhda Krupskaya）很重視青年藝術才能的培養。她說：「因為表達可以使思想定型、使感情深化。一個人在表達自己的思想感情時，本身也隨著提高了。正如一個人在形成口頭和書面語言的過程中，能夠更好地了解自己的思想一樣，當他透過歌曲、舞蹈、面部表情來表達自己的感受時，他也能夠更好地認識自己。」

21.4.3　青年審美感受的訓練

審美感受是人對審美對象引起心理反應的複雜心理過程。審美感受不是生而有之，而是在後天的生活、實踐中逐步發展起來的。審美感受中的心理因素主要包括感覺、知覺、表象、記憶、聯想、情緒與思維等。認知審美感受中的心理過程，是培養與提高青年審美感受的基礎。

(1)訓練青年的感知覺。

審美感知過程是審美感受的開端。感覺是物質世界作用於人的感覺器官而產生的一種最簡單的心理過程。感覺是審美感受的基礎。審美感受是以審美對象的感覺為基礎的，沒有感覺，便沒有審美感受。知覺是人腦對直接作用於人的感受器官的客觀事物的各個部分和屬性的整體以及事物相互之間的關係反映。感覺是知覺的成分，知覺是以感覺為基礎的。知覺是整體地感受審美對象的基礎。知覺一朵花是透過感覺花的顏色、形狀、氣味等各方面特點後才得以形成的花的整體。

培養青年的審美感受首先在於審美感知能力的訓練。要注意保護青年感覺器官的正常功能，特別要注意保護視力、聲帶等。透過各種途徑的訓練，充分發展青年的感覺能力，辨別各種對象美的屬性如顏色、形狀、聲音、氣味的感知分化能力。在知覺能力的培養上要特別注意空間知覺的訓練。空間知覺在審美感受中有著重要的作用。空間知覺是人對對象的大小、形狀、立體和遠近的知覺。空間知覺是透過多種感覺器官的協同活動實現的。

(2)豐富青年的聯想和想像。

聯想是審美過程中普遍存在的心理現象。人們往往由當前感知的事物而回憶起有關的另一事物，因想起某一事物而又想起另一事物，這都

是聯想。聯想是在實踐中人腦對客觀事物的一種反映，客觀事物是相互連結的，因此它們被反映到頭腦中也能相互連結起來。心理學依據所反映的事物間的關係的不同，把聯想分為接近聯想、類比聯想、對比聯想等幾種。

接近聯想是空間或時間上相接近的事物，容易在人的經驗中形成聯想，因而易由一事物想到另一事物。接近聯想反映事物在時間上、空間上的關係。唐朝張志和的「桃花流水鱖魚肥」的詩句，是在時間上的接近。又比如「松柏枝頭花如雪，白玉欄杆淚萬行」此詩句，則是在空間上的接近。

類比聯想是對一個事物的感知或回憶引起和它性質上相似的事物的回憶。類比聯想反映事物間的相似性與共性。古今中外的著名詩人都擅長運用比喻以增加詩的效果。例如「雲想衣裳花想容」就是類比聯想的詩句。

對比聯想是由某個事物的感知或回憶引起和它具有相反特點的事物的回憶，它反映事物間的對立性。

聯想在審美感受中有著由此及彼、觸類旁通的作用，使其對審美對象的感受豐富多彩、有聲有色。

在審美感受過程中的移情作用，主要是類比聯想的心理過程。李白的「相看兩不厭，只有敬亭山」，杜甫的「感時花濺淚，恨別鳥驚心」、「顛狂柳絮隨風舞，輕薄桃花逐水流」，李商隱的「春蠶到死絲方盡，蠟炬成灰淚始乾」，陸游的「無意苦爭春，一任群芳妒」等詩句都是典型的移情佳句。移情作用就是自然景物在人看來具有了人的心理特色，如感情、意志、性格、行為等。移情現象的產生與人的心境有很大關係。由

於心境不同，不同的人對同一審美對象的感受或同一人在不同時間對同個審美對象的感受，則不盡相同。

想像在審美感受中占有重要的地位，它使審美對象在審美者的頭腦中產生了具體生動的形象。想像在審美過程中使審美者獲得強烈與深刻的美感。青年人多觀察、勤學習、不斷地豐富自己的知識經驗，是豐富自己聯想和想像的基礎。

青年人知識經驗越豐富，在審美感受過程中就越易產生聯想與想像，發生移情。

知識貧乏與生活閱歷淺薄的人，在審美感受中難以發生聯想、想像與移情。

青年人具有樂觀主義精神，心境飽滿、振奮，在審美感受過程中，聯想想像與移情作用的心理傾向是健康的、向上的，受到鼓舞與激勵。若是在負面憂鬱的心境下，聯想想像與移情作用的心理傾嚮往往是愁上加愁，心境更加惡化。

(3)培養青年對美的事物的情緒感受。

美感的特點在於美的情緒感受。情緒的豐富性在審美過程中是產生強烈的美感的重要條件，美育正是透過人的情緒與感情而發揮其獨特的作用。藝術的特點不僅訴諸感知覺，更要訴諸情感。因此，藝術也要著重於具體形象的刻劃和塑造，使人聽而生感，見而頓悟，甚至不言而喻。

(4)培養青年健康的思想感情。

思維是審美過程中重要的心理因素。當審美對象作用於人的感覺器官，使其形象反映到大腦，思維就伴隨形象而活動著，使美感的心理過

程順利進行。

　　思維把審美過程中的感知覺、聯想與情緒等心理因素調和起來,並把它們組織成為一個統一的整體,完成審美的心理過程。在審美過程中表現出來的審美者的審美趣味與審美觀點及思維的功能密不可分。審美者在審美過程中評價美,也主要是靠思維的作用而實現的。

　　要引導青年在藝術欣賞的過程中,提高分辨真善美與假惡醜的能力,建立正確的審美觀點與審美趣味,使他們情操高尚、朝氣蓬勃,創造光輝燦爛的美好未來。

22　老年心理學

眾所周知的「夕陽無限好，只是近黃昏」的詩句，在筆者看來是具有負面傾向的，應改為「夕陽無限好，晚霞更生輝」、「夕陽無限好，人間重晚晴」。大多數國家已進入高齡化社會，養老事業極其重要，必須樹立養老先養心的理念。

22.1　老年心理保健的黃金原則

淡泊寧靜、形神並養，養神為主；預防為主，講究心理衛生、情緒穩定、樂觀。

在傳統文化上，特別是傳統醫學，非常強調心理因素在健康與疾病中的重要作用，筆者曾經概括八個字：「病由心生，病由心滅」。說的是，不良的心理因素會引起人的身體疾病，或加重身體疾病的程度；良好的心理因素可以治療身體疾病，或減輕身體疾病的程度。傳統醫學非常強調治未病，強調預防為主，也就是現在說的保健，就心理方面來講，就是心理保健。

筆者覺得，目前社會高度重視養老事業，我們的社會已經進入高齡化社會了。因此，預防為主的方針，「治未病」的理念，心理保健極其重要，這個方面的工作做好了，不僅可以減少老年人疾病的發生、減輕老年人的疼痛，更重要的是維護和促進老年人的健康，充分發揮老年人的正能量，用大家常用的話說是「發揮餘熱」。

因此，心理保健在養老事業中極其重要。筆者近年來也對一些養老

機構進行了調查研究,筆者認為雖然心理保健已進入了養老事業,但是還遠遠不夠,無論從人力、財力、設備等方面與醫療方面相比相差都很大,要維護和促進老年人的身體健康與心理健康,既要有一些原則,還要有一些具體的方法。老年心理保健的祕訣如下。

22.1.1 淡泊寧靜

「淡泊寧靜」實際上是出自諸葛亮在他的《誡子書》的一句話:「非淡泊無以明志,非寧靜無以致遠。」這句名言不僅是為人處世的價值觀,從健康心理學角度來看,也是心理保健的核心原則,甚至可以說是健康心理保健的首要原則。

著名作家也說道:「我最喜歡諸葛亮說的『非淡泊無以明志,非寧靜無以致遠』,所謂淡泊,我理解的就是一個人對物質生活不要過於奢求,過得勤儉樸素一些;寧靜則是心裡盡可能排除掉個人的雜念,少些私心。這樣,人生在世,不為個人私利操勞所累,將自己的志向跟事業融合在一起,他的心胸就會宏大起來,精神就會充實起來,心情自然就可以樂觀,情緒自然就會昂奮。」作家總結了自己人生的經驗,寫下了養生的名言:「靜心處世排干擾,心胸豁達莫煩惱;事因自主心常樂,人到無求品自高。」

一個人沒有私心雜念,一心為公,心胸極其寬闊,心境非常寧靜。看問題、想問題就會站得高、看得遠。筆者認為,淡泊寧靜是老年人心理保健的核心理念,老年人具有淡泊寧靜的理念,就能充分調和人體的心理正能量、提升人體的免疫機制,使其活躍起來,對人的身心都有巨大的促進作用。

很多名人具有淡泊寧靜的理念,即使到了晚年,也保持這種生活方

式，所以他們儘管人到老年，但是心理年齡很年輕。

筆者認為長壽的人正面意識的意守產生了多方面促進身心健康的作用。

第一，正面意識調和身心正能量的發揮。

第二，正面意識形成的優勢興奮法則排除和降低不良意識的雜念的干擾。

第三，長時間處於類氣功的意守狀態，產生類氣功的意守效應。筆者認為類氣功的心理效應主要表現在：思維活動單一化、雜念減少甚至消失、注意力集中而穩定、心平氣和、情緒安寧、舒適愜意、對內環境的刺激減弱甚至消失。

第四，正面的意識狀態將伴隨正向情緒。引起人體生理功能與心理功能的變化，提高人體免疫功能，產生重要的抗病和抗疼能力。

22.1.2 形神並養，養神為主

傳統養生理論和實踐都強調形神並養，養神為主。因為人的身體和心理不可分割，是一個完整的個體，用現代人的語言來講，既要維持和促進身體健康，又要維持和促進心理健康。一個健康的人必須具備身體健康與心理健康。只有身體健康，沒有心理健康，不是健康的人；只有心理健康，沒有身體健康，也不是一個健康的人。

身體健康與心理健康既相互關聯、相互制約，又相互區別。傳統養生理論與實踐強調久病致鬱，又強調久鬱致病，長期憂鬱也容易導致身體疾病。

傳統養生理論與實踐強調形神並養，但是以養神為主，強調調形先

調神，養身先養心。古代醫學家和養生家都強調養生莫如養性，這裡的性就是指人的心理。情緒安定、健康長壽，唐代醫學家王冰強調：「太上養神，其次養形。」《中外衛生要旨》：「養生家應以養心為主，心不病則身不病，身不病則人自寧。」古代養生家強調養神，與現代健康心理學強調養心、養生思想是一致的。

傳統醫學家與養生家提出了養生的很多種類，例如，守腎、調腎、練腎等。

我們強調心理主宰健康，有非常重要的現實意義。就社會當前的實際情況來看，人們普遍重視身體健康，忽視心理健康，老年人也是如此，老年人如果發高燒，子女肯定送到醫院就診。但是老年人如果幾天悶悶不樂，很少有子女帶他到醫院就診。

有一位老年人，特別講究營養，除了山珍海味什麼都不吃，錢沒少花，但是作用甚微。因為他脾氣暴躁。一到吃飯時間他就開始挑剔，要不說這個菜做鹹了，要不說那個菜做淡了，要不說這飯太軟了，要不說那個饅頭做得太硬了。他在挑剔過程中，還大聲地抨擊他的太太，因此，兩人在家裡經常吵架，既傷身體又傷心理。這位老先生主要是心理沒有調整好，山珍海味也沒為他帶來健康，而且心態不好，容易導致消化不良。

筆者還認識一位老先生，三頓飯都很清淡，以吃素為主，可以說是粗茶淡飯，但是他心情很好，全心全意投入工作上，他九十歲時說，老驥伏櫪。

有位著名心理學家九十高齡，整日奮筆疾書，他也是飲食清淡，腦筋用在事業上。他們的共同點：工作就是幸福。追求的不是物質的享受，

獲得的是精神的享受。

現代很多科學家、教育家、藝術家，他們都以飽滿的精神狀態在晚年一心在事業上，真正做到了生命不息，工作不止。他們追求的是高層次的精神需求，為人類提供精神食糧。他們不講究吃穿，全心全意、全力以赴地為人類獻上精神食糧。

22.1.3　預防為主

養生預防為主是傳統醫學與養生學的光輝思想，至今還有重要的指導意義。無論是身體健康還是心理健康，都要強調以預防為主。從目前醫療保健與養老事業的情況來看，都有重視治療、輕視預防的現象。我們的醫療有過度醫療的現象，什麼小病都要跑大醫院。

就感冒而言，我們重視，但是預防不夠。夏天很多人感冒，是因為沒有做到以預防為主，晚上睡覺，開著冷氣直吹身體，能不感冒嗎？如果強調以預防為主，這些小毛病都是可以預防的。

要把心理健康的知識與方法普及每一個成年人和學生，特別是要普及老年人，這是非常重要的。要把心理健康教育深入社區、深入老年人中，我們的養老事業才能得到蓬勃發展，才能得到花費少、效果好、老人少得病、老人少就醫的作用。

就老人自己而言，不僅要講究生理衛生，也要講究心理衛生，不僅要做健康操，促進身體健康，也要做心理健康操，促進心理健康。老年人從退休後就應該根據自己的實際情況制定一套符合自己情況的生理保健措施與心理保健措施。

一位老年婦女現在已經七十歲了，有很多人看到她本人，都說她很有氣質、很有雅氣、很有精神。其實筆者問過她，她說：「我就是每天堅

持做心理保健操，按摩身體促進身心健康的穴位，笑口常開，也就是這些簡便易行的心理保健措施使身體也不錯、精神也不錯。」

身體保健往往需要花錢的，比如說買保健品、買醫療器械，而且效果並不是那麼快。心理保健基本不需要花錢，而且運用得好，效果甚至立竿見影。筆者的一位老年朋友對筆者講：「我血壓一高，頭一暈，就馬上做深呼吸，用意念來調整自己，使精神放鬆，血壓自然就降下去了。」老先生還說：「人都有煩心的事，世界上有快樂就有煩惱，問題是你怎麼對待煩心的事，如果有煩心的事，你心裡很煩，就會煩上加煩，如果有煩心的事，你用平常心對待，從容包容煩心的事就會一掃而光。這是精神變為物質的表現。」

筆者個人認為，無論在家養老的老年人，還是在養老機構的老年人，都要把心理保健，精神調養放在重要的地位上。這對老年人度過幸福快樂的晚年，具有極其重要的意義。

22.1.4　講究心理衛生

為了身體健康，要講究生理衛生，為了心理健康，要講究心理衛生。對老年養老，既要重視生理衛生，也要重視心理衛生。從社會實際情況和養老事業的實際情況來看，我們重視生理衛生，忽視心理衛生。例如，飯前洗手、便後洗手、不要隨地吐痰，這些人人都知道。但是對心理衛生，很多人不知道是什麼，也不知道要掌握什麼知識。養老院裡絕大部分的宣傳在強調生理衛生，很少談到心理衛生，老年人也知道，要注意衛生，他的注意衛生的含義就是生理衛生。很多老年人也不知道什麼叫心理衛生，其實心理衛生包括的內容很多，如心理衛生的原則、心理衛生的方法等。

22.1.5 情緒穩定

情緒穩定是衡量人心理健康的首要標準。人是否心理健康，包括老年人是否心理健康，最首要的衡量標準就是情緒是否穩定。

一個老年人在十天之內情緒經常比較穩定，就是心理健康的表現。一個老年人在十天之內情緒經常不穩定，忽高忽低、忽冷忽熱，就是心理不健康的表現。這是老年人自我初步判斷自己是否心理健康首要、簡便、靈敏的指標。

用情緒是否穩定來衡量老年人心理健康就如同用溫度計來測量體溫一樣。

不要把心理健康看得太抽象、太神祕，心理健康與否是存在於每一個老年人的日常生活中的。

情緒穩定是人的心理健康的核心要素。只有情緒穩定，人的身體的生理功能與心理功能才能處於均衡的執行狀態之中，情緒不穩定，人的正常的生理執行與心理執行就會被破壞，人的各種生理功能和心理功能就會失調。一個人心平氣和，就容易和各種人建立良好人際關係，就會在和與自己有矛盾、有糾葛的人的交往中力求求同存異。脾氣暴躁的人，他就不容易和人建立起好關係，一有不同意見就拍桌子、摔杯子甚至破口大罵，不僅破壞了人際關係，也會傷害自己的心理健康。

老年人經常做健康操之類的活動，有助於心態平和、情緒穩定、心平氣和、寬以待人。經常練，使雙手經常處於同時操作的動作，大腦兩半球協調活動，就能使人的情緒穩定、平衡。

筆者再介紹一個大家經常使用的，但是很多人不知道機理的心理保健和生理保健的方法。很多老年人手裡抓著核桃或者鐵球，一個同樣速

度方向的轉動，也會促進大腦的協調。這都是簡便易行、行之有效的辦法，所以老年人不要把心理健康、心理衛生看得很玄妙。

老年人做到心平氣和、情緒穩定，非常有效的一個方法是學會忍耐。人只要學會忍耐，就會與很多人交往成功，甚至成為好朋友。人際關係好，是人心理健康的計量。忍耐的程度多少，意味著人的包容度大小，有句俗話，「宰相肚裡能撐船」，就表示宰相的寬容大度。

包容度的高低也是衡量人的心理素養的一個重要指標。所以老年人養生一定要學會包容。包容使人冷靜，可以正確處理各種矛盾，並在處理人際關係成功中獲得喜悅感。

22.1.6　樂觀

樂觀是人的一種良好的心理素養，具有樂觀的老年人會以正面的心態、正面的態度、正面的思維、正面的眼光分析自己老年的處境和希望。他會正確對待老年人的狀態，也會以正向的方法挖掘自己的潛力、發揮餘熱，服務社會以獲得成就感和幸福感。

因此，樂觀是老年心理保健的重要組成要素之一。一個悲觀的老年人和一個樂觀的老年人儘管兩個人的情況大致相同，但是因為他們對待老年的身體情況、精神情況、自己的前途、人和人之間的關係不同，得出的人際評價差別很大，甚至截然相反。

筆者遇到過兩個老年人，在同一個公司工作，現在都退休在家。具有悲觀色彩的老年人整天說，混吃等死，過一天算一天。而具有樂觀色彩的老年人則認為，我們是人生的頂峰時期，因為我們工作了幾十年，擁有豐富的工作經驗與生活經驗，我們把這些經驗集合起來發揮它的正能量，避免負能量的影響，就會活得更有意義、更充實、更有價值。

所以說，老年人的樂觀心態對老年人的身心健康、老年人對事物的認知評價及老年人的潛能，特別是心理潛能的發揮有著極其重要的作用。樂觀精神是對待老年病的最好良藥。老年人普遍都有不同種類的老年病，對於正面樂觀的老年人，這些都是正常的。疾病和健康總是矛盾的兩端，不斷在進行鬥爭，老年人應該發揮正能量，去減少和消除負能量對人體的危害。對於悲觀主義的老年人，老年病是不可逆的，身體只能一天一天漸漸損壞，生活品質也隨之一天一天下降，樂觀與悲觀主義者對身體疾病的看法截然相反。後果也是不同的，樂觀主義者往往能戰勝疾病或延緩疾病的發展，保持正常的生活品質，過著有意義、有價值的生活。悲觀主義者則整天憂心忡忡，擔憂天塌下來，導致生活品質降低，一直過著痛苦的生活。

某個公園小湖畔幽靜的樹林裡經常看到人們圍著一位老人問這問那。老人雖然年近古稀，但是精神矍鑠，兩眼炯炯有神，說話鏗鏘有力，熱心地回答人們提出的一個一個的問題，這位老人被譽為「抗癌明星」。

「抗癌三年是勇士，五年是英雄，十年是明星。」既然是明星，抗癌一定有十年以上。這位老人確實抗癌十年以上，他以樂觀主義的精神對待疾病。他曾經說：「在我動了手術之後，據專家判斷存活期不超過一年，而當我存活一年以後，醫生高興地說『不簡單』。第二年又說『真不簡單』。到了第三年以後，則說『真是奇蹟』，到了四年以後，最熟悉我情況的醫生們都異口同聲地說『這是出乎我們意料之外的』。」

他以樂觀主義精神對待癌症，又腳踏實地地接受各種治療，戰勝癌魔，可見人的精神力量抗癌的威力。筆者曾經總結患癌者與癌症鬥爭的共同之處：第一，精神上壓倒癌症，而不是被癌症所壓倒。第二，他們

共同認為，癌症不等於死亡。第三，他們不僅精神上有戰勝癌症的勇氣和決心，而且在行動上也堅持不懈地與癌症鬥爭。第四，他們採用現代已有的治癌手段，如手術、化療、放療、食物療法等，他們成功的首位因素是樂觀的精神。

22.2　老年人 4 種簡易心態調節方法

22.2.1　看早上八九點鐘的太陽

老年人每天看早上八九點鐘的太陽，這也是調整心態一個很有效的方法。

早上八九點鐘的太陽和中午、傍晚的太陽給人的感受不盡相同。八九點鐘的太陽是朝氣蓬勃、積極向上、充滿光明希望、生機活力的。老年人由於年老體衰，本來就會具有暮氣，而早上八九點的太陽會把你的暮氣一掃而光，煥發老年人的青春情懷，這是一種快速、有效調節老年人心態的方法。

老年人每天觀看早上八九點的太陽，會為老人帶來良好的心境，為生活塗上一層嶄新的、鮮明的、充滿希望的彩色。這種心境將影響老年人一天的生活，使他心中充滿希望、充滿喜悅，使他看人看事帶著向上的、光明的彩色。

具有濃厚暮氣的老年人，他聽見鳥叫覺得很煩，聽見孩子哭也很煩，他看了早上八九點的太陽，就會使他的心緒帶上快樂的彩色。他再聽鳥叫，會覺得鳥兒在唱歌；他再聽孩子哭，會覺得孩子在成長。

22.2.2 每天逗孩子玩

老年人容易產生孤獨、寂寞的感覺。有時候，成年人甚至子女不願意與老年人長時間溝通。老年人和自己的小孫子、小孫女，和鄰居的小孩兒逗著玩，他的心情就完全不一樣了。孩子天真無邪，童言無忌和豐富可愛的表情會透過心理的感染機制，使老年人的情緒年輕化、「童心化」。

有一位老奶奶跟我說：「我一個人在家，兒子、媳婦都上班了，整天沒人跟我說話，真是無聊。孫女也去了幼稚園，我也沒有跟她說話的機會。我每天最高興的時間是下午五點多，我的小孫女從幼稚園回來，先喊一聲：奶奶！然後撲進我的懷裡，貼我的臉，我渾身充滿了親情的溫暖。孩子的天真、活潑的感情感染了我。我頓時感覺我年輕了許多，我覺得這種親情是人間最美好的情感，使我全身充滿了激情與活力，一天的寂寞、孤單的情緒一掃而光，整個晚上我都過得很快樂。」這位老奶奶的感受是有相當的代表性的。

我們現在經常討論隔代教育的問題，我認為隔代教育有利有弊。無論怎麼討論，從社會現實狀況來看，隔代教育現在存在、五年後存在、十年後存在，二十年後還會存在。

筆者認為，如果爺爺奶奶身體還好，在三歲之前，孩子不必上幼兒園，可以由爺爺奶奶照顧，不僅可以保證孩子的安全和健康，而且孫子孫女在家裡頭就是家庭快樂、幸福的調節器，為爺爺奶奶帶來無盡的親情和溫暖。老年人多與小孩交流、多逗孩子玩，是一種有效調節老年人心態的方法。

22.2.3　多與好友聊天

　　寂寞、孤單是老年人常見的心理問題，老年人經常和好友一起聊天，無話不談，對抒發心情大有益處。有句俗話，「酒逢知己千杯少，話不投機半句多」。老年人相互聊天，要找你的好友、密友，盡情抒發自己的情感，有什麼苦悶的事也可以毫無顧忌地抒發出來，有什麼需要幫助的事情也可以無所顧忌地講出來，有什麼喜悅的事也可以盡情與老友分享。

　　筆者幾十年的心理學研究得出一條經驗，把心中的苦悶壓抑不滿的負面情緒說出來、道出來，是自我調整心態成功的一半。

　　有不少老年人心裡不滿，對別人有成見，始終憋在心裡，越憋越難受，憋出火爆的脾氣，這是他長期壓抑在心中的不滿、憤怒的外洩。因此老年人有什麼心事、有什麼不愉快的事情、有什麼看法，要及時、大膽說出來，這是自我調節心態的一種非常重要的、也容易被忽視的心理調節方法。

　　問題是，心中積蓄了不良的情緒的老年人無處找人抒發、無處找人交流，這也是很痛苦的事。筆者建議，老年人一定要有幾個知己朋友，人生有一知己足矣，可以做到無話不說、無話不談。如果有幾個志趣相投的異性朋友，對抒發、發洩不滿的情緒、負面的情緒，以及心理調節能給予很大的幫助。

　　與好友當面交流、聊天是一種很好的老年人調整心態的方法，如果老年人沒有知心的朋友，或者身體不便，可以透過手機聊天，面對面的聊天比電話效果好，如果不會視訊聊天，可以用電話聊天。這也有比較好的效果。一般來說，用打字的方式聊天效果比影片和視訊聊天效果

差。因為視訊聊天、電話聊天是連續性進行的，打字的方式聊天是斷續進行的，老年人的動作很慢，容易使情節中斷和脫落，所以建議老年人跟好友聊天最好面對面進行，其次是視訊和電話，下策是傳文字訊息。

22.2.4 養眼調心法

眼睛是人接收外界資訊最重要的器官。我們獲取的資訊大多透過視覺接收而來。眼睛可以看到世界的五光十色，可以蒐集到各式各樣的事物的資訊。

所謂養眼調心法，就是眼睛接收使人快樂、使人興奮、使人振奮的資訊。

從而促進人的情緒愉快，有助於調整心態。下面介紹4種養眼調心法。

第一種方法是顏色調心法。大自然的各種彩色使人產生各種感覺，不同的顏色使人產生不同的情緒，從而引起人的情緒和心境變化。正向的心境可以陶冶人的情操。

心理學家對顏色、對人的心態與人的心理健康進行了研究，心理學家的研究結果顯示，在一般情況下，紅色能使人快樂、充滿熱情、情緒熱烈飽滿、激發愛的情感。黃色能使人產生快樂、明亮、充滿喜悅之情。綠色能使人心裡恬靜、安定和平和。藍色能使人產生安靜、涼爽、舒適之感，使人心胸開闊。白色能使人產生素雅、純潔、輕快之感。灰色能使人產生鬱悶、空虛之感。黑色能使人產生莊嚴、沮喪和悲哀之感。

大千世界的各種顏色透過人的視覺接收後帶來一定的感受，使人的心理狀態發生變化。

老年人可以利用不同的顏色使人的情緒產生不同變化的規律，充分利用使人情緒安定、平和、熱情飽滿的顏色的感受，避免消沉、低落的顏色產生的不利影響。例如，在情緒低沉的時候，常看紅色、黃色的東西，有助於改變壓抑、沉悶的情緒，使人產生明亮、興奮、飽滿的情緒；在老年人處於高度興奮狀態時，看看藍色的東西可以使人的心境平靜下來；看看綠色的東西，可以緩和人的緊張情緒。也可以充分利用不同的顏色使人產生不同的情緒感受這個規律，在家庭環境佈置上，充分予以利用。比如患有高血壓的老年人家中的牆壁應塗白色、淺藍色、淺綠色、淡黃色，以使老年人情緒舒適、鎮定，有利於老年人心態的調節和健康的恢復。

第二種方法是透過綠化來調整心態。老年人在日常生活中，經常到庭院花卉、草坪旁散步，在綠樹成蔭的大道上行走、在風景秀麗而幽靜的公園裡遊玩，往往心曠神怡、忘掉煩惱、精神振奮，、除疲勞。老年人生活在綠色的世界中，可以感受到綠色象徵著春天、象徵著青春、象徵著幸福、象徵著生命。

綠化創造優美而舒適的環境，調整老年人的心態，有助於老年人身心健康，老年人摘花種樹可以培養老年人的情操，使老年人獲得美的享受。

柳樹在各地都有被廣泛的種植，白居易在《隋堤柳》詩曰：「大業年中煬天子，種柳成行夾流水。西自黃河東至淮，綠陰一千三百里。」柳樹是風景樹，有句俗話：大樹底下好乘涼，夏日炎炎，林內清涼，老年人在綠樹成蔭下享受消暑乘涼的愉快，風送幽香，馥郁醉人，是老年人調整心態的好地方。

第三種方法是欣賞花。花是大自然美的精華，不僅能美化人們的生活，而且能調節人的心態。唐代詩人白居易以「家家習為俗，人人迷不悟」，反映了唐代人愛花買花的盛景。當代詩人郭沫若關於花的詩句更是多得很：「春花一片深如海，千樹萬樹迎春來，花從樹上紛紛下，人從花中紛紛來。」

春花爭豔是大自然賦予人類的最好的心理治療手段，最妙的心理衛生方法之一。春天桃紅柳綠，人們心情舒暢，置身在桃林花海中，人們會有恍若進入了桃源仙境的美妙感覺。清明以後，玉蘭開出朵朵的白毛花瓣，亭亭玉立，芳雅似蘭，使人產生正面積極進取的思緒。春天增進人們的健康，因此人們往往懷春與惜花。千姿百態、豔麗嬌美、燦爛耀眼、各色迷人的花能使人的心情愉快、精神飽滿，充滿活力和生機，對老年人是一種調整心態的最佳良方。

一年四季皆有花。不同季節的花透過聯想、想像、情緒等心理機制對人的心理作用與觸發創造力作用各有特色。春天，桃紅柳綠，百花吐豔，萬紫千紅，使人充滿活力、生機勃勃，有助於增強人們創造的敏感性、創新意識與創造的進取心；夏天，綠樹成蔭，一池荷花，風送幽香，沁人心脾，對調節炎熱造成的心情煩躁、思路狹窄、思維連貫性降低頗有益處；秋天，「戰地黃花分外香」的菊花，「霜葉紅於二月花」的楓香，使人心情充實、情緒飽滿，增強成就感；冬天，松竹昂然挺立，蠟梅含苞待放，使人性情堅毅，激勵勇於克服所遇到的困難，增強創造成功的信心和決心。

第四種方法是室內環境養眼調心法。通常，老年人家裡累積的東西很多，鍋碗瓢盆、各種衣服、家具、使用過的東西，隨意放置，雜亂無

章，容易使人產生壓抑、煩悶、焦躁的情緒。因此建議老年人抽出一定的時間把家裡的東西放得整齊有序，心情也會隨之舒暢起來，找起東西來也得心應手。老年人常用的藥物一定要放在顯眼的位置，一旦身體不適，能迅速拿到藥，從而得到救治與緩解。否則，一旦出現緊急情況，本來手腳就慢，慌張中找不到該吃的藥，就容易使血壓上升，心情不愉快。

老年人還可以在家裡的有限空間內適當地種種花，也頗有調整心態的益處，有言道：「室雅何須大，花香不在多。」老年人可以在有限的空間內擺設自己最喜歡的花，一看就高興，一看就能調整心態。但是要注意有些花不宜在家裡養，例如夜來香不宜放在屋內，它的香氣過濃，久聞會使人頭暈。此外，晚香玉、含羞草、紫丁香等花香會傷害喉嚨，甚至可能使老年人的嗓子暫時變啞，也不宜放在屋內。

22.3　常見的老年病的自我心理調適

22.3.1　高血壓病患者的自我心理調適

(1) 減輕憤怒情緒。

(2) 適當地釋懷。

(3) 改變認知想法。

(4) 學會採取過強刺激的應急措施。

(5) 自我暗示法。

(6) 適當改變某些興趣愛好。

22.3.2 冠心病患者的自我心理調適

(1) 改變 A 型性格。

(2) 知足常樂。

(3) 避免情緒過於激動。

22.3.3 消化性潰瘍患者的自我心理調適

(1) 建立良好的飲食心理環境。

(2) 改變不良的飲食習慣和嗜好。

(3) 建立良好的進餐情緒模式。

(4) 減少壓抑情緒。

(5) 積極尋求社會支持。

22.3.4 糖尿病患者的自我心理調適

(1) 克服悲觀情緒。

(2) 樹立與糖尿病做鬥爭的信心。

(3) 盡量避免心理刺激。

(4) 提高對飲食的監控意識。

22.3.5 腦血管患者的自我心理調適

(1) 保持鎮定的情緒。

(2) 長期作戰的意識。

(3) 戰勝悲觀情緒。

22.3.6　肥胖症患者的自我心理調適

(1) 提高控制飲食的監控能力。

(2) 改變不良飲食的習慣和嗜好。

(3) 建立良好的飲食心理行為模式。

(4) 建立正確的形體優美觀。

22.3.7　支氣管哮喘患者的自我心理調適

(1) 培養自主人格。

(2) 積極嘗試新事物。

(3) 改善人際關係。

22.3.8　皮膚搔癢症、蕁麻疹、神經性皮炎患者的自我心理調適

(1) 力求情緒穩定。

(2) 轉移注意力。

(3) 疏導壓抑的情緒。

(4) 改變飲食習慣。

22.3.9　心源性牙痛患者的自我心理調適

(1) 轉移注意力。

(2) 防止生氣、焦慮。

(3) 自我暗示。

22.3.10　痛經患者的自我心理調適

(1)樹立關於月經的正確觀念。

(2)保持月經期的穩定情緒。

(3)盡量避免接收負面性暗示。

(4)月經期參加愉快的活動。

(5)改易心志，用藥維持。

Part6　管理心理學・人事心理學

23　管理心理學

　　管理是人類活動的特殊性領域，管理內容可分為物的管理與人的管理兩個方面。以企業管理為例，物的管理，是管理勞動的工具和勞動過程等。人的管理是人對人的管理。無論對物的管理還是對人的管理，都涉及心理學問題。在物的管理中涉及的心理學問題是人和機器的關係。心理學把人和機器當作一個系統進行研究。採取最好的方法，使機器適應人的心理、生理特點，提高勞動生產率，這主要屬於工程心理學研究的內容。在人的管理中涉及的心理學問題，是人與人關係問題，心理學把人與人當作一個系統進行研究，採用心理學的科學理論與方法分析人的心理、預測人的行為、增強人的正向性與創造性，達到提高勞動生產率的目的，這主要屬於管理心理學的研究內容。

　　管理心理學的研究內容可分三個方面，個體心理、群眾心理與組織心理問題。

　　個體心理研究內容包括人的需求與動機產生的特點，激勵個人正向性發揮的途徑，知覺及其對行為的影響，態度及其對行為的影響。員工的心理測驗、員工的考核與獎勵的心理學問題、員工的心理衛生等。

　　群眾心理研究的內容包括人與人之間的人際關係、團體心理、意見溝通、個人與群體的關係、群體的士氣與群體的風尚、群體間的鬥爭與衝突等。

　　組織心理研究包括組織中的領導行為與組織結構對行為的影響、組織內外環境對心理的影響等。

23.1 個性、態度與管理

23.1.1 個性的基本特點

它包括個性的穩定性、個性的整體性與個性的傾向性。

個性傾向性包括需求、興趣、信念、理想與世界觀。

23.1.2 個性的心理結構

個性的心理結構是極其複雜的，它由多層次多種程度的組成。個性傾向性是決定一個人對事物的態度和行動選擇的誘因系統。個性傾向性主要包括需求、動機、興趣、理想、信念和世界觀等。個性傾向性是個性結構中最活躍的因素，是人的心理活動的動力系統。世界觀的個性傾向性屬於最高層次，決定了一個人的總體心理傾向，對其他心理活動有著調節與制約作用。

個性心理特徵包括人的氣質、性格等，管理工作者研究個性心理特徵，對於了解員工的思想動態、工作實際、增強他們的責任感、發揮積極性等都是有益的。

23.1.3 態度的特性

態度是人對人、對事物的心理傾向，對人、對事物的認知，善惡與反應傾向。

態度包括認知因素、情感因素與行動因素，態度的三種成分相互區別，又相互關聯。認知成分是態度的基礎，情感成分是態度的核心，反應傾向是態度的外觀。

態度有以下特性：

(1)態度的社會性。

(2)態度具有特殊的對象。

(3)態度的協調性。

(4)態度的持續性。

(5)態度是一種內在的心理結構。

(6)態度的價值性。

23.1.4　態度的測量

(1)行為觀察法。

(2)面談法。

(3)生理反應法。

(4)問卷量表法。

(5)自由表達法。

23.2　團體心理

團體是組織內的一群人，各成員相互依存，在心理上彼此意識到對方，在行動上相互作用，為達到某種目標而結合起來。

23.2.1　團體作用

(1)完成組織任務。

(2)滿足員工心理需求。

23.2.2　非正式團體

(1)非正式團體的特點。

第一，很強的凝聚力。第二，心理協調性。第三，團體對成員有一定影響。第四，自然形成領導人物。第五，資訊溝通靈活。第六，成員的重疊性。

(2)非正式團體形成原因。

第一，某種利益或觀點的一致性。第二，興趣愛好的形成。第三，工作與生活方式因素。第四，親朋好友。

23.2.3　非正式團體的作用

(1)加強意見溝通。

(2)安定作用。

(3)獲得心理滿足。

(4)輿論作用。

(5)解決困難。

(6)教育作用。

23.2.4　非正式團體負面作用

(1)牴觸情緒。

(2)影響工作效率。

(3)傳播謠言。

23.2.5 團體對個體行為的影響

(1)社會助長作用。

(2)社會標準化傾向。

(3)社會顧慮傾向。

(4)社會從眾行為。

23.2.6 影響團體士氣的因素

(1)領導者的精神狀態及領導方式。

(2)工作條件與環境。

(3)合理的經濟報酬。

(4)成員之間的心靈相通。

(5)員工對工作的滿意度。

(6)鼓勵交往與參與管理。

(7)員工的身心健康。

23.2.7 影響人際關係建立的因素

(1)距離遠近。

(2)交往頻率。

(3)態度的相似性。

(4)需求的互補。

(5)興趣愛好的一致。

24　人事心理學

　　人事心理學研究的內容很廣泛。根據各國國情與人事工作的實際情況，人事心理學研究主要包括：人事管理的心理學問題、人事工作者自身的心理學問題、人際交往與人際關係、人員的智力開發、提升正面性的心理學問題、思想政治工作的心理學問題、人事制度改革的心理學問題。

24.1　人事管理的心理學問題

　　人事管理的心理學問題是人事心理學的主要組成部分，是人事心理學的基礎。它包括人員的選拔、使用、培訓、考核、獎懲、保護、流動及退休的心理問題。

　　(1) 人員選拔。

　　研究人員辨識的基本觀點、人員選拔的標準與條件、探討人員選拔的心理學方法，對於科學選拔人員與發現人才有十分重要的意義。

　　(2) 人員使用與培訓。

　　人員使用是人事管理的中心環節，人員培訓是為了更好使用人員。研究個體的心理學差異、人員使用的心理學原則與人員培養的心理內容，有助於合理使用人員、量才使用、人盡其才，充分發揮人員的心理優勢，提高工作效率。

(3) 人員考核。

人員考核為人員選拔、使用與培訓、獎懲、升降提供科學依據。人員考核的心理學研究，為人事考核提供心理學原則與心理考核方法，對提高人員考核的標準化與定量化有重要意義。

(4) 人員獎懲。

研究獎勵與懲罰的條件，探討獎勵的心理學原則與懲罰的心理學原則，對於提高獎懲的思想性、政策性有很大的作用。

(5) 人員保護與流動。

從心理學角度研究人員保護有助於提高人員的心理安全感，維護與增強人員的心理健康。從心理學角度研究人才流動，闡明人才流動的心理學意義，有助於促進人才的合理流動，調整社會的智力結構。

(6) 人員的退休。

員工退休後進入了一個新的人生階段。研究退休制度的心理學意義、保證退休制度實施的心理學政策、員工對於退休的心理反應、退休後的智力因素與非智力因素的狀況、退休後的心理健康狀況，都是擺在我們面前的重要課題。加強退休員工的心理學問題的研究，對於充分發揮老前輩的餘熱與他們的指導和顧問作用，以及加強他們的身體健康是十分重要的。

24.2　人事心理學研究的主要內容

(1) 人事工作者自身的心理學問題。

人事工作者自身的心理學問題包括人事工作者的智力因素與非智力

因素、組織管理方面的心理特質、人際關係、用人的心理與品德方面的心理素養以及心理健康等內容。人事工作者自身的心理學研究對於提高人事工作者的心理素養和心理健康程度、加強人事工作者自身的建設、提高人事工作效率是十分重要的。

(2) 人際交往與人際關係。

人事工作者的工作對象既包括個體也包括群體，因此人際交往與人際關係是人事心理學研究不可缺少的一個部分。

研究人際交往和人際關係的作用、人際交往藝術的心理效應、建立與發展人際關係的基本條件和心理方法以及代際關係等問題，是人事心理學研究的重要內容。

人跟人之間的關係是平等的、友好的，這為處理好人際關係提供了社會制度的保障。

人際交往結成人際關係。人際關係對工作效率、集體團結與身心健康都有很大影響。

(3) 人員的智力開發。

這裡是各類員工從事各種工作最基本的心理條件。智力開發包括智力提高與智力使用兩個方面的問題。智力提高主要靠教育與培訓，智力開發主要靠科學的人事管理。

探討個體的與集體的智力結構，用其所長，避其所短，取得良好的智力效應十分重要。

探討智力形成、智力差異、智力與知識的關係以及智力開發等問題，對於採用心理學的方法認知智力、開發智力也是大有益處的。

(4)提升積極度的心理學問題。

人的需求產生動機,動機支配人的行為。有效地激發人的動機,就能提升人的積極度。

需求、動機與激勵是人事心理學研究提升人員積極度的重要問題。了解人員的需求,在力所能及的條件下,滿足他們正當的、合理的需求;貫徹激勵的心理原則,採取多種激勵方式,激發人員的正確動機,才能充分提升與發揮人員的積極度,為社會創造更多的物質財富和精神財富。

不能把人事工作僅僅理解為是人事部門的事(當然他們的工作是人事工作的重要部分),從某種意義上說,事業與企業部門所做的工作都與人事工作有密切關係,即都包含人事工作內容。因此各級主管、員工學習與研究人事心理學,對於做好人事工作與提升員工的積極度都有益處。

心靈透視圖，應用心理學角度下的人生修練：

處理關係 × 面對挑戰 × 激發潛力，一本書讀懂多領域心理學，掌握全方位心理智慧

作　　者：王極盛
發 行 人：黃振庭
出 版 者：沐燁文化事業有限公司
發 行 者：沐燁文化事業有限公司
E-mail：sonbookservice@gmail.com
粉 絲 頁：https://www.facebook.com/sonbookss/
網　　址：https://sonbook.net/
地　　址：台北市中正區重慶南路一段61號8樓 8F., No.61, Sec. 1, Chongqing S. Rd., Zhongzheng Dist., Taipei City 100, Taiwan

電　　話：(02)2370-3310
傳　　真：(02)2388-1990

印　　刷：京峯數位服務有限公司
律師顧問：廣華律師事務所 張珮琦律師

-版權聲明-

本書版權為中國石化出版社所有授權沐燁文化事業有限公司獨家發行繁體字版電子書及紙本書。若有其他相關權利及授權需求請與本公司聯繫。

未經書面許可，不得複製、發行。

定　　價：375 元
發行日期：2024 年 12 月第一版
◎本書以 POD 印製
Design Assets from Freepik.com

國家圖書館出版品預行編目資料

心靈透視圖，應用心理學角度下的人生修練：處理關係 × 面對挑戰 × 激發潛力，一本書讀懂多領域心理學，掌握全方位心理智慧 / 王極盛 著 .-- 第一版 .-- 臺北市：沐燁文化事業有限公司, 2024.12
面；　公分
POD 版
ISBN 978-626-7628-02-7(平裝)
1.CST: 應用心理學
177　　　　　　　113018335

電子書購買

爽讀 APP　　　臉書